江戸時代選書6

江戸町奉行

横倉辰次

雄山閣

捕縛の図〔1〕

捕縛の図〔2〕

『徳川幕府刑事図譜本編』（天保七年刊）より

捕縛の図〔3〕

捕縛の図〔4〕

捕縛の図〔5〕

捕縛の図〔6〕

捕縛の図〔7〕

捕縛の図〔8〕

江戸町奉行　目次

目　次

江戸町奉行の歴史……7
はじめに（7）町奉行の発生（8）南北町奉行（9）三町奉行となる（9）
二所の制に復す（10）町奉行職（11）町奉行の公務（15）
町奉行所の職制……16
与力・同心の職掌（16）与力の人数（21）与力の扶持（22）与力の役格（22）
与力の分掌（23）組屋敷について（23）与力の生活（24）八丁堀七不思議
（25）同心の人数（26）同心の給米（28）同心の分掌（29）同心組屋敷（30）
同心の生活（31）
八丁堀の体制……34
八丁堀与力と同心（34）町与力の実態（36）町同心の実態（38）与力・同心
の職責及び分課（38）名与力の著書（39）与力の服装（47）同心の服装（48）
十手と佩刀（49）捕物帳（49）
目明しの話……51
目明しの巣立（51）目明しの給金（52）鈎縄十手の稽古（53）小者と手先
（54）課者の弊害（56）贋役（58）手先とその親分（59）名同心聞書（59）今

泉翁の談話（64）御用聞（65）手先（67）下ッ引（68）目明しの生活（68）

盗賊火附御改……74

火附盗賊改のこと（74）担当区域（75）犯人捜査（76）与力・同心の数（77）本役・加役・増役（81）加役は乞食芝居（84）荒武者揃い（86）法律の欠陥あり（90）折焚柴の記（93）木製の十手（98）菓子袋で出入止（99）百姓の泥坊化（102）縛り屋の藤掛（105）拷問新手の横田棒（107）なぐさみ師（109）手続論からの処分（112）手鎖の鍵（113）人足寄場（114）無宿狩の令（119）佐渡送りの目籠（126）無宿と非人（129）寄場条目（131）桜田門外の喧嘩（134）女は別囲（137）首斬朝右衛門（141）御馬先捕（145）付人の働き（147）町奉行の監督（150）

江戸市内の警備……160

町の防犯（160）自身番と辻番（163）木戸番（163）定廻りと自身番（164）辻番（165）辻斬防止（165）番屋（167）辻番小屋（169）大番屋（169）鳶魚翁聞書（170）番屋の建物（170）混同される木戸番屋（171）番太の内職（173）大番屋預け（174）入牢証文（176）捕物の俗説（179）八丁堀の捕物出役（187）捕物検使出役（187）水盃で出役（188）朱房の十手（189）番屋送り（190）捕物の話（191）芝居話（191）蜻蛉返のはじまり（193）捕手とヤワラ（197）大騒ぎな梯子取（200）捕者出役（202）元吉原の大狼藉（204）取籠の騒動（211）高橋光範智略の

捕者（214）これはまた大間違（219）青木弥太郎事件（222）
あとがき……229
附・江戸時代町奉行一覧表……231

本書は、小社刊『生活史叢書　九　与力・同心・目明しの生活』から「江戸町奉行の歴史」「町奉行の職制」「八丁堀の体制」「目明しの話」「盗賊火附け御改」「江戸市内の警備」を抜粋し、一部編集を加え新装版としたものです。（編集部）

江戸町奉行

江戸町奉行の歴史

はじめに

最近は、江戸時代の諸制度の研究が盛んになり、古書がいろいろ復刻されているが、文献としての役は果しても、今日の読者には少々難解であり、読みにくい点があることと思う。そこで編者は、できるだけ平易な著書として編述する事にした。勿論、後年の与力・同心の職務や江戸刑法に関する事項は、明治に生き残った名与力と謳われた佐久間長敬《さくまおさひろ》翁が、書きのこしたもので、少々文献中心になりがちであるが了承されたい。

大衆小説の捕物帳が流行した結果、与力《よりき》・同心《どうしん》といえば、町奉行所属下の者、即ち八丁堀《はっちょうぼり》与力・同心と思われていたわけだが、与力・同心は、決して町奉行所、つまり八丁堀だけではないのである。他の部署の役所にも与力・同心は存在したのである。与力・同心とは、本務の上司を補助するという意味で、下役《したやく》・配下のことである。町奉行所の与力・同心に対して八丁堀と冠したのは、単に住所（組屋敷《くみやしき》）が八丁堀にあったというばかりでなく、町奉行所属の町与力・町同心と他の与力・同心とを区別するためでもあった。

町奉行の発生

町奉行には江戸のほかに京都町奉行、大坂町奉行、駿府町奉行があったが、江戸に限って、単に町奉行とのみ称した。寺社奉行《じしゃぶぎょう》、勘定奉行《かんじょうぶぎょう》と並んで三奉行と呼び、旗本俊秀《しゅんしゅう》の士を以てこれに任じた。役高三千石。市政を総理し、市民の訴訟をただし、非違《ひい》を検し、評定所《ひょうじょうしょ》に出席したから、現今の市長、裁判所長、警視総監を兼ね、更に内閣の一員に相当した権威ある要職であった。最初は老中《ろうじゅう》が兼任し、後に専任となった。奉行職を置いたのは、天正《てんしょう》八年であった。

徳川家が岡崎（愛知県）の領主であった頃、本多作左衛門重次《ほんださくざえもんしげつぐ》、天野《あまの》三郎兵衛康景《やすかげ》、高力《こうりき》与左衛門清長《きよなが》の三人を、岡崎三奉行として、庶民の政治を司どらせていた。天正十八年、徳川家康が江戸入府すると、天野康景がまず奉行に任ぜられ、康景が八王子城請取《うけとり》を命ぜられたために、板《いた》倉《くら》四郎左衛門勝重《かつしげ》がこれに代り、地理に精通している土地（武州）の豪士神田与兵衛政高を、町奉行所の属僚《ぞくりょう》とした。後に神田与兵衛にかえて、北条氏照の家臣貴志助兵衛正久を板倉勝重の属僚《ぞくりょう》とした。もっとも当時は、町奉行の定称なく、代官の称を用いており、板倉勝重のあとを彦坂小刑部元成が継承、慶長《けいちょう》六年に青山常陸介忠成、内藤《ないとう》修理亮清成《きよなり》の両名が、関東惣奉行職と兼務したが、慶長九年、初めて江戸町奉行の職名をとなえ、専門に江戸市井《しせい》の行政にあたることになった。故に町奉行所の創設は、慶長六年ないし慶長九年と見るべきであろう。

南北町奉行

慶長九年に八代洲河岸《やよすがし》呉服橋内に町方の庁衛（町奉行所）を設置して、南北に分けて町奉行二名を任命して、月々交代で吏務《りむ》を行った。これが月番《つきばん》と呼ばれたものである。慶長十八年、島田次兵衛利正が町奉行職につき、その後、約二十年間を独りで担当した。寛永《かんえい》八年、堀式部少輔直之が、呉服橋邸を給賜《きゅうし》されて、初めて南町奉行といい、加々爪民部少輔忠澄が常盤邸を官宅として給されて北町奉行と呼び、この役宅を番所《ばんしょ》と称した。即ちその役宅の位置によって南町奉行、北町奉行と呼ぶようになったのである。

これより先は、各々その居邸にあって事務を見たが、江戸府草創の際は、板倉、青山、内藤三氏の如き、いずれも市街開拓の事業に当り、後世における市尹《しいん》の職はほとんど取扱わなかった。明暦《めいれき》三年、八代洲河岸の役所は、災禍に消失してから再び町奉行所は、呉服橋内のみ単独になったが、寛文《かんぶん》二年、常盤橋内に新築して、再び旧に復した。

三町奉行となる

寛永八年以来、奉行は二人を以て定員としたが、元禄《げんろく》十五年八月、丹羽長守が任命された時から、町奉行は一員増加して、南・北・中の三町奉行となった。この中町奉行所は鍛冶橋《かじばし》内に新設されたものである。故に、享保《きょうほう》四年正月、坪内定鑑《つぼうちさだあき》が免ぜられた十七年間に三人の奉行があり、南北に対して、その役宅を中番所《なかばんしょ》と称した。

宝永《ほうえい》四年四月、常盤橋内の奉行所を廃して数寄屋橋門内（現今の有楽町駅中央口前）に新設されたのが南町奉行所《みなみまちぶぎょうしょ》である。江戸の人気者遠山《とうやま》の金さん事、刺青判官《いれずみはんがん》遠山金四郎もここに勤務した。この数寄屋橋内の南町奉行所は、幕末の幕府瓦解《がかい》まで存続した。

常盤橋内の町奉行所は、享保二年再び町奉行所の土地となり、暫く北町奉行所であったが、文化九年に呉服橋《ごふくばし》門内に移転して、ここが北町奉行所《きたまちぶぎょうしょ》として、明治維新の廃止まで存続した。

二所の制に復す

要するに、初め当時の南奉行所の所在地は数寄屋橋内、北番所は呉服橋内として知られていたが、寛永八年九月には南が呉服橋内、北が常盤橋内となった。元禄十一年には、呉服橋邸を鍛冶橋内に置き、三所として中番所と称した。宝永四年には、常盤橋邸を数寄屋橋内に移したので、北番所が南番所に変り、鍛冶橋内の南番所が中番所となり、中番所が北番所となった。亨保二年正月に、北番所が焼失したので、これを常盤橋内の旧地に移し、同四年四月に中番所を廃して、二所の制に復した。文化三年には、常盤橋邸を更に呉服橋の旧地に移して、慶応《けいおう》四年（即ち明治元年）に至ったのである。（歴代の奉行は、巻末「江戸時代奉行一覧表」に掲出してある）。

名奉行として周知の者には、大岡《おおおか》越前守忠相《ただすけ》、根岸《ねぎし》肥前守鎮衛《やすもり》、筒井《つつい》伊賀守政憲《まさのり》、矢部《やべ》駿河守定謙《さだのり》、鳥居《とりい》甲斐守忠耀《ただてる》、遠山《とおやま》左衛門尉景元《かげもと》がある。これらはいずれも南町奉行であった。もっとも遠山氏のみは、初任当時は北邸に居り、再任当時は南邸にあった。

南町奉行所の建坪、約二千六百二十六坪

北町奉行所の建坪、約二千五百六十坪

両奉行所は、役所（裁判所）と役宅が接続し町奉行は、その役宅に起居し、屋敷へは非番の時以外は帰らなかった。

町奉行職

二人の町奉行は部下に与力各二十五騎、同心各百人、同増人各四十人を有した。これを一組という。南北両奉行所を合せて総員三百三十二人、しかも事務は月番の半数交代で取扱ったわけであるから、わずかに百六十六人で、今よりも広大な江戸府の政治を執ったのであった。

江戸の町（町家）は、南北両奉行が支配していたが、末期の慶応三年七月、江戸に居留地が設置される時、南北奉行の外更に外国奉行《がいこくぶぎょう》並朝比奈甲斐守昌広が町奉行となり、杉浦武三郎周知が、また町奉行並になり、一時に四人の町奉行が輩出したが、極めて短期間であった。町奉行職は、従五位下朝散太夫《ちょうさんたいふ》であって、芙蓉間《ふようのま》詰で勘定奉行の上座であった。

寛文六年七月までは役料《やくりょう》千俵であったが、天和《てんな》二年四月に、これをやめ、享保八年六月に役《やく》高《だか》三千石になり、慶応三年九月には役高を廃し、役金《やくきん》二千五百両となった。その勤続二十年の場合は五百石の増加があり、勘定奉行、遠国奉行《おんごくぶぎょう》等が、擢任《てきにん》を受けた。三殿《さんでん》家老・両番頭・大目

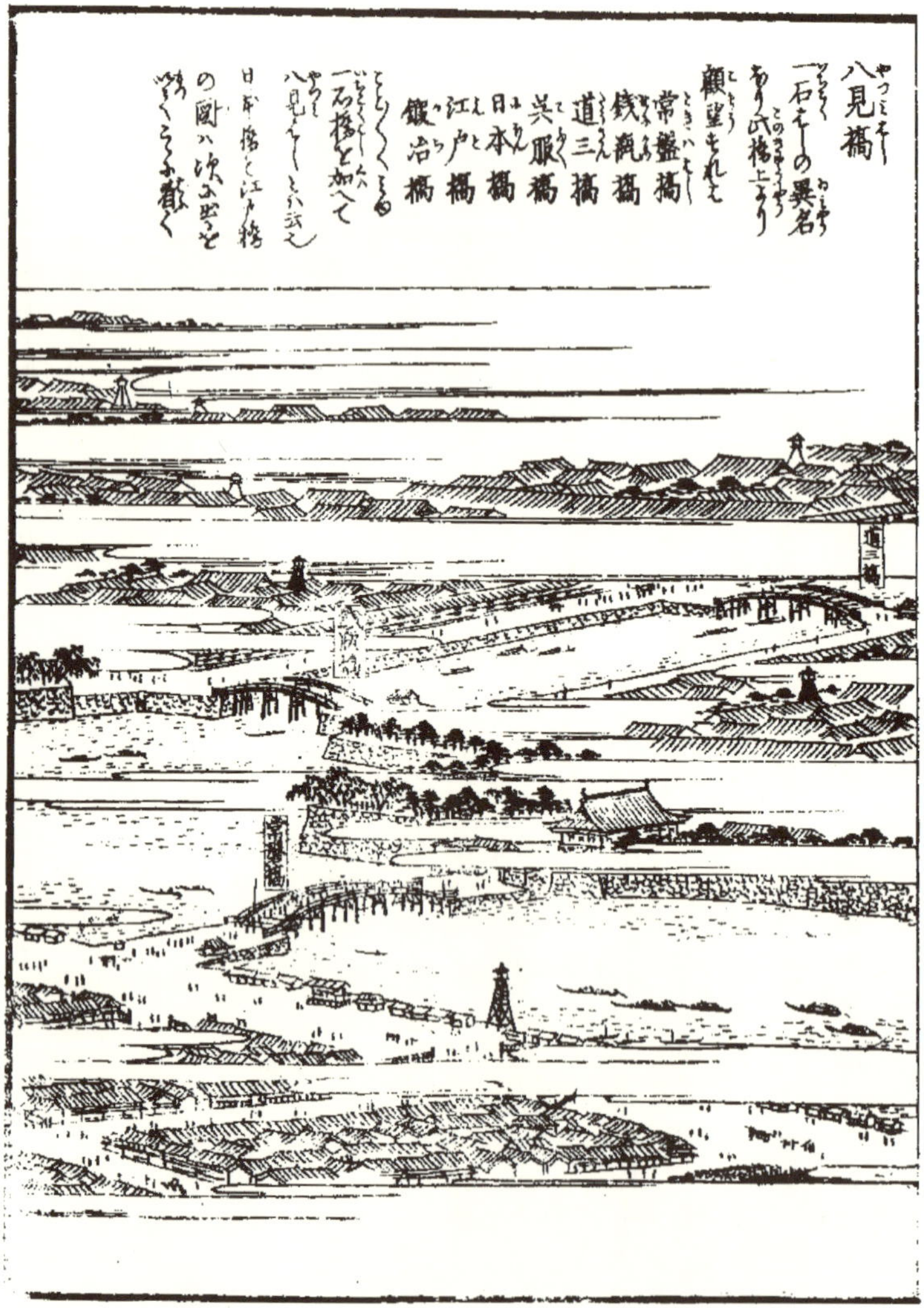
八見橋《やつみばし》
一石《いちこく》ばしの異名
なり此橋上《このはしのうへ》より
顧望すれバ
常盤橋
銭瓶橋
道三橋
呉服橋
日本橋
江戸橋
鍛冶橋
一石橋を加へて
道三橋
常盤橋

常盤橋

付・留守居等への栄転や、また勘定奉行その他芙蓉間役人に転任することも多かった。

元和元年、大岡越前守忠相が寺社奉行に転任したのは異例であり、将軍吉宗《よしむね》と大岡越前守とは、紀州時代からの特別の関係からの栄進があったのであろう。

寛永《かんえい》以前には、万石以上（小大名）の者が町奉行職についたが、後世は、高禄旗本（万石以下）の職責となり、人材ゆえに五百石の中禄旗本が町奉行になった場合は、二千五百石の役料を給与されて、三千石の大身《たいしん》旗本格であるが、職をやめれば五百石の世禄《せいろく》に復したことは、また他の諸職と同じであった。平素は一本道具であるが、災火の際には、番頭格二本道具にて出馬し、消防を指揮し、また常例として、新任の町奉行は、屋敷に家紋合印《あいじるし》等のしるされた提灯《ちょうちん》を玄関にかかげて、これを江戸市民に周知させた。

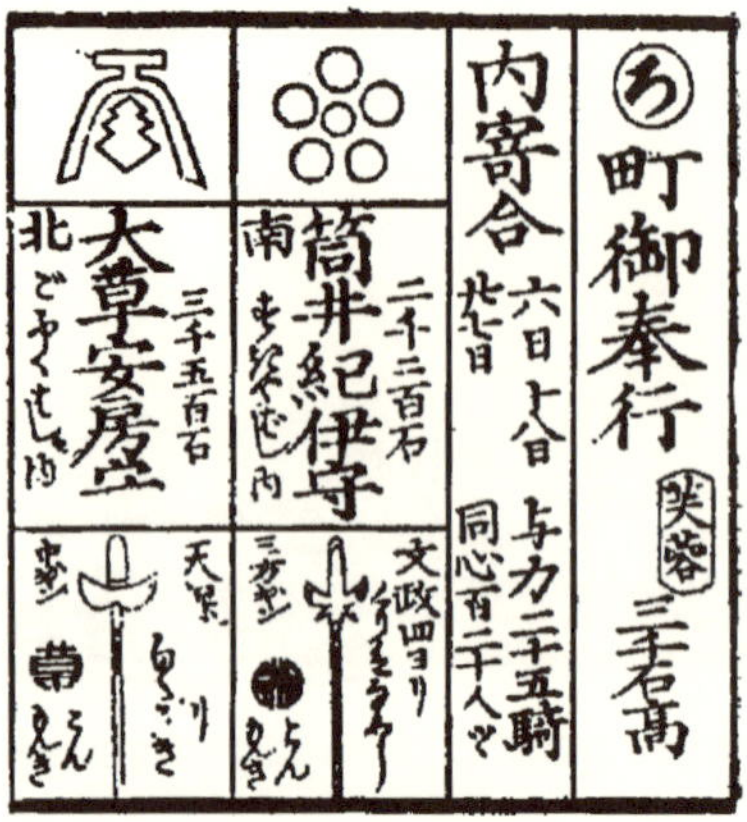

町奉行（袖玉武鑑より）

今日、映画やテレビでも武家屋敷が、いずれも表札を出すが、これは誤りで、大名、武家屋敷の門柱に表札などは出してなかったものである。また、大名、武家屋敷には町名はなく、本郷の加賀、水道橋の水戸様と呼べば判り、町名は町家町《まちやまち》のみであり、また寺地内の門前町は特別であったのだ。

講談・浪曲で、本所松坂町《ほんじょまつざかちょう》吉良邸というのも誤りで、当時は本所回向院《えこういん》吉良邸と呼ばれていた。赤穂浪士の討入りで、吉良家が廃絶後に、吉良邸跡が町家町になり、そして、松坂町という町名が生じたのである。

町奉行の公務

町奉行職が公務をするのは月番制である。一ヶ月交代で、月番は、四ツ時（午前十時）登城《とじょう》し、八ッ時（午後二時）退営の後に公事訴訟及び諸般の請願《せいがん》を聴いた。評定所式日《ひょうじょうしょしきじつ》には、早朝これに出席し、特殊の要務がなければ、その後登城した。

寺社奉行・町奉行・勘定奉行の、いわゆる三奉行も二名以上数名いて、すべて月番制で、一ヶ月ずつ交代で番に当ったことも、同じように専制の行われることを妨げたものである。勘定奉行と寺社奉行には大名が成るが町奉行には旗本《はたもと》が成った。寺社奉行は、町奉行と同じく江戸の裁判と警察を司どったが、武士や僧侶は寺社方《じしゃかた》の扱いで町人百姓が町方《まちかた》の扱いであった。但し捕物の場合には、寺社方は町方へ依頼した。また町方は捕物の相手が町方の者であっても、寺社方の区域内へ無断で手入れはできなかった。

当時のポケット職員録ともいうべき、「袖玉武鑑《しゅうぎょくぶかん》」の町奉行の部分を参考までに掲出した。

以上で町奉行所、町奉行職なるものの概略を述べた。八丁堀与力・同心は、この町奉行所に付随し、属下で、その職務遂行の手足となって働いたものである。

町奉行所の職制

与力・同心の職掌

与力とは元、同心と同じく、協力加勢の義より出たもので、既に鎌倉初世の頃から用いられた。徳川幕府に至って専らこれを職名に用い、更にその属吏《ぞくり》として同心を置いた。与力を付属せしめた職司は、江戸にあっては御留守居《おるすい》、大御番頭《おおごばんがしら》、書院番頭《しょいんばんがしら》、西丸御書院番頭、町奉行、御旗奉行《はたぶぎょう》、西丸御旗奉行、鉄砲百人組之頭、御持弓《もちゆみ》頭、定火消《しょうびけし》役、先手鉄砲頭《さきててつぽうがしら》等で、地方にあっては京都所司代《しょしだい》、禁裡付《きんりづき》、京町奉行、大坂定番《じょうばん》、大坂町奉行、堺奉行、奈良奉行、伏見奉行、駿府城代、駿府町奉行、長崎奉行、浦賀奉行、甲府勤番《きんばん》支配等で、その職封は百五十俵から二百俵高を給せられたが、中でも最も重要なのは町奉行の与力で、その知行《ちぎょう》は多くは二百石で、南北両奉行の与力をあわせてその総高一万石にも達し、その役階には支配《しはい》、支配並、本勤《ほんづとめ》、本勤並《ほんづとめなみ》、見習、無足《むそく》見習の六段に分れ、またその事務の分掌《ぶんしょう》は、年番《ねんばん》取扱方、本所見廻《みまわり》勤方、養生所《ようじょうしょ》見廻、牢屋見廻、吟味方《ぎんみかた》、赦帳撰要方《しゃちょうせんようかた》、町火消人足改《まちびけしにんそくあらため》、町会所《まちがいしょ》勤方、古銅吹所《ふきしょ》、懸勤方《かけづとめ》、隠密《おんみつ》廻《まわり》等に分れ、常に同心を使役《しえき》して奉行の股肱《ここう》となり、所属職司の全事務を負担して、最も重要な地位にあった。故に与力と同心とは、単に上役《うわやく》、下役というだけでなく、その地位には格段の差があり、その職務・扶持《ふち》・待遇も非常に差があった。与力の俸禄《ほうろく》は二百石、同心は三十俵二人扶持、同増人は二十俵二人扶持であって、その事務分担を記すと、

一、役所並びに組屋敷内の取締、金銀出納を取扱うもの。これを年番方といって、南組は与力二人、同心六人、北組も与力同心同数でこれに当った。

二、公事《くじ》出入吟味物等を取調べる役。これを吟味方と称して、南組北組各与力八人、同心十六人がこれに任じた。

三、市中取締掛。これには南北各与力六人、同心十二人が職を執り、年番方、吟味方の中から兼勤した。

四、赦律《しゃりつ》を取調べ、役所の書類を編纂《へんさん》するもの。これを、赦帳方撰要方兼帯《けんたい》と称し、南北各与力三人、同心六人がこれに当った。これは市中の人別《にんべつ》も取扱った。

五、南北各与力二人、同心六人が、奉行の指揮を受け、刑律の先例を取調べる。これを例繰方《れいくりかた》といった。

六、用部屋手付といって、南北各同心十人がこれに任じた。これは奉行の手許で、用人共へ申しつけて刑律を取調べさせる時に、用人共の指揮を受け、書物等を認める役であった。

七、当番方であって、日々二人ずつの与力が役所当番所へ泊番を勤め、訴訟、公事、諸訴等を

取扱い、手明きの者は検使《けんし》その他の諸出役《でやく》を勤めた。同じ掛の年寄同心は二十五人で日々三人ずつ、泊番を勤めて、検使に出で、または手明きの者は見分出役等を勤めた。同じく物書同心は十五人、これは、三人ずつで泊番をなし、当番与力手付として訴訟、公事、諸訴等を認めた。同じく若同心は十一人ずつ役所へ泊番を勤めて、白洲《しらす》蹲踞《そんきょ》並びに奉行の文通使等に出た。以上役々のものは、各自所属の役所へ出勤することはいうまでもないが、出役の時は南北両組立合って出張するのを例とした。

八、本所見廻。これは本所深川の道敷、河岸地、建物、川中足代、橋普請《はしぶしん》その外すべて地方に付属する件々を取扱った。南北の各与力一人、同心三人がこれに任じた。

九、養生所見廻。南北各与力一人、同心三人で、小石川養生所へ詰めて同所の取締と金銀出納とを取扱った。

十、牢屋見廻。南北各与力一人、同心三人がこれに任じ日々牢屋敷へ出張し、同所取締向並びに死罪、入墨、敲《たた》き等すべて仕置《しおき》筋の件を取扱った。もっとも囚獄には石出帯刀《いしでたてわき》以下同心がいるが、その取締のため見廻った。

十一、定橋掛。これは江戸向の橋々を見廻り、橋普請をも勤めた。南北各与力一人、同心二人が、その掛であった。

十二、町会所《まちがいしょ》掛。南北各与力二人、同心三人でこれを勤めた。これは町会所へ日々出張して、同所の積金取集め、利倍貸付、籾《もみ》買入、窮民救方を取扱ったが、勘定奉行、支配向の内からも掛員が出張したので、立合の勤務であった。

十三、猿屋町会所見廻。これには南北各与力一人、同心二人が勤務に当った。浅草猿屋町に蔵《くら》前札差《まえふださし》へ金子《きんす》貸付所があって、これへ勘定奉行支配の者が詰めて貸付を取計ったから、その取締として日々見廻をした。

十四、古銅吹所見廻。本所の古銅吹所に、勘定奉行支配向の者が出張して、用務を取扱ったから、その取締として南北各与力一人、同心一人が見廻りに当った。

十五、高積《たかづみ》改。南北各与力一人、同心二人が、市中の薪炭《しんたん》その外高積の虞《おそ》れあるものを見廻った。

十六、箱館会所取締掛。新大橋向の箱館会所へ勘定奉行、箱館奉行、支配向の者が出張して、箱館産物捌《さばきかた》方を取計ったので、取締として南北各与力一人、同心二人が出役した。

十七、硝石会所掛。市谷加賀屋敷硝石会所へ鉄砲玉薬奉行支配向の者が出張して硝石製造方を取計ったのに対し、南北各与力一人、同心二人が取締として出役した。

十八、町火消人足改。南北各与力三人、同心六人で市中出火の際消防方を指揮した。以上の役々も両組立合で勤務したのである。

十九、隠密廻。南北各同心二人の司どるところで、隠密筋の風聞《ふうぶん》、探索方並びに捕物《とりもの》に関係した。

二十、定廻《じょうまわり》。南北各同心四人がこれに従事して、市中風聞並びに捕物を心得た。

二十一、臨時廻。これは専ら捕物であって、南北各同心六人が勤務した。

二十二、人足寄場《にんそくよせば》掛。元来石川島の人足寄場には、三奉行掛で処刑済みの無宿人を収容させ置き、寄場奉行以下の諸役が賄《まかない》向きその他を取扱っていたが、その取締として南北各同心二人がこれに当った。もっともその一人は泊番《とまりばん》をなし、与力は当番与力の内から日々一人ずつ見廻りをした。

前述の奉行所の職制は幕末のものであるから、その事務もすこぶる多方面にわたっていた。但し、江戸三百年の幕府時代に、奉行の職制は、多少の差異なきを得なかった。なお与力には、支配役、同並、本勤、同並、見習、無足見習の階級があり、同心には年寄役《としよりやく》、同増、同並、物書役《ものがきやく》、同格、添物《そえもの》書役、同格、本勤増人、本勤並、見習、無足見習の差別があった。

なお、与力は世襲であるが、同心は名義上では、一年抱えの契約者なのである。毎年、大晦日の夜に上役与力の役宅《やくたく》へ呼ばれて、再契約を云い渡されるのである。待遇、給与も大差があり、それゆえ明治新政府になって、四民《しみん》の身分制度が改められる際に、大名は貴族になり、一般武士階級は士族となったが、与力は士族に属し、同心は、商工農の平民と士族の中間になる卒族《そつぞく》なる名称が与えられた程である。

与力は一人と呼ばず、一騎と呼ばれたのも騎馬の身分であり、同心は徒歩ゆえ、一人二人と数えられたのであった。

次に八丁堀与力の生活について、徳川制度の定本《ていほん》ともいわれている松平太郎《まつだいらたろう》著の「江戸時代制度の研究」（柏書房刊）に現われた町奉行所与力に関する事柄をあげて説明しよう。

与力の人数

奉行の属僚《ぞくりょう》にして、与力には内与力《うちよりき》と称する者が三人あり、奉行の家臣をもって、これにあて、各地方百石を配当す、とある。これは大身《たいしん》旗本が（初期は小大名）町奉行職に就任した際に自分の家臣を与力として採用するという意で、三人各自に百石の役料《やくりょう》が支給されるということである。これ以外の奉行所付属の与力は、奉行が変ってもその職にある者たちである。目安読《めやすよみ》与力を二人おき、各五十石を給す。この外に与力二十騎を奉行に隷属させた。はじめ与力は、天《てん》正《しょう》十八年、板倉勝重奉行の時に、三州より十騎を伴い付属した。その後、奉行が二名となった際に、与力は五十騎となり、北町奉行所の与力は那須の者あり、浪々新募《ろうろうしんぼ》の輩もあり、その家系一定せず、とある。

元禄十五年、奉行三名となるや（南北中町奉行所時代なり）遠州荒井及び走水の番所を廃止したため、そこの与力を新任の町奉行丹羽遠江守長守に付属させ、かつ南北奉行組内より各与力三騎をさいて中町奉行所に付属させた。そこで、各町奉行与力は二十二騎となった。ついで、正《しょう》徳《とく》三年、各与力三騎を小普譜《こぶしん》より組み入れしたために各町奉行与力数は、二十三騎となった。（小普譜とは無役者の意）

享保《きょうほう》四年正月に中町奉行所が廃止されると、その組の与力四騎を二分して南北町奉行所付属にし、残余は先手組《さきてぐみ》に編入した。このために今後の町奉行与力は二十五騎ずつとなった。

与力の扶持

扶持は元和《げんな》年間は、上総《かずさ》・下総《しもうさ》ならびに武州の下谷金杉辺にて、一人二百石ずつ、五十騎で合計一万石として、その後、金杉辺が上野（東照宮）の神領《しんりょう》になると、代地《だいち》として下総国の行徳《ぎょうとく》領の中より給することになった。（これは芝の増上寺建立《こんりゅう》の時のことであろう。当時の増上寺境内は今日では想像もつかぬ程宏大なるもので、現在のプリンス・ホテルも東京タワーも、一部に包含《ほうがん》されているのである）。

元禄十五年、上総の給地二千石が公用となると、下総の香取の内に代地をいただく。このうち支配与力は残地の中にて、役料各々三十石ずつ、南町奉行所は坂部能登守広高勤役中、詮議方《せんぎかた》与力へ同じく残地にて、役料各々二十五石をいただく。この外、本勤並手当金二十両、見習は銀十枚の支給をうけた。また与力は、各所属町奉行より賞与として年々、袴地《はかまじ》を下付《かふ》された。

与力の役格

支配、支配並、本勤、本勤並、見習及び無足見習との六階級となっていた。

裃《かみしも》役《やく》にて抱席《かかえせき》であった。（これに対して同心は無袴、俗に言うお供先《ともさき》でも着流《きなが》し、勿論、裃を着る身分ではなかった）

与力の分掌

与力の職務は、大方は同心の分課《ぶんか》に共通していた。たとえば、年番《ねんばん》、吟味《ぎんみ》、本所見廻、養生所見廻、牢屋見廻、赦帳《しやちよう》、高積《たかづみ》改、町火消改、町会所見廻、古銅吹所見廻、例繰《れいくり》、風烈《ふうれつ》見廻等十数種を専任した。年番方とは、主として奉行所の会計と組内監督をつかさどり、奉行所の経費定額、売女《ばいた》、博奕《ばくち》、地代その他の過料《かりよう》、闕所《けつしよ》等を取扱い、米金勘定の領収証を収受するの任に当った。

赦帳は罪囚《ざいしゆう》の特赦《とくしや》、大赦《たいしや》等に関する事項を管し、例繰は刑科に関する判例を調査した。

組屋敷について

江戸時代において、幕府の属吏たる与力・同心などを同所に居住させるために宅地を賜わった。これらの与力・同心はそれぞれの組に属したので、組屋敷の名称が生じた。町奉行の与力・同心をはじめ、御徒同心《おかちどうしん》、御鉄砲百人組などに組屋敷があった。「市井秘録」によれば、元和年中に江戸城付近に組屋敷を置くことを願った結果、八丁堀の法泉寺、願成寺、長応寺の三ケ所を公収して、この地を与力・同心に賜わったのが始めであるという。「玉露叢《ぎよくろそう》」によれば、明暦《めいれき》三年正月の江戸大火後、町奉行同心を両組に五十人ずつ増加し、新組の者の屋敷を本所に賜わったとある。しかるに他の「市尹《しいん》記録」によると、寛文二年増員の際には、本所二ノ橋南方に組屋敷地を給し、支配与力四人が移住、同心五十人を増員し百人ずつとなり、八十人分の屋敷を本所二ノ橋南方に賜わったが、天和《てんな》二年同心四十人、双方で八十人を淘汰《とうた》するや、この本所組屋敷は公収されたとある。

各年代によって少々の移動、変りはあったが、その主体は八丁堀にあったゆえ、八丁堀与力・同心というのが、町奉行所与力・同心の代名詞となったのであろう。

次に岸井良衛《きしいよしえ》氏編の岡本綺堂《おかもときどう》聞書「江戸に就ての話」(青蛙房刊)の中からいろいろ引用さして頂く。

与力の生活

与力とか同心とかいうと、今では八丁堀のそれだけのようになってしまったくらい皆なの記憶に強く残っている。

与力という字は、昔は寄騎と書いたものらしく、字の通り騎兵である。そしてこの八丁堀の、つまり町奉行所属の与力は、特種な存在で、旗本《はたもと》のような御家人《ごけにん》のような、また町人のような一種別格であった。取り高は二百石でも知行取《ちぎようと》りで、それも大ていは、安房か上総が知行所になっていた。これ以外にも収入があった。それは、それぞれの大名屋敷は、自分の屋敷に起った事件を表沙汰にしないで、普段から定った与力を御抱えのようにして置いて、直接その与方に頼んで、内々で事件を片づけていた。与力もそれを余得《よとく》としていた。その礼として盆暮には五十両ぐらいは貰っていた。尤も与力もそれを自分一人のものには出来ないので、それぞれ部下の同心とか岡《おか》ッ引《ぴ》に分けていた。

組屋敷は八丁堀で、大体三百坪から四百坪ぐらいの地面で、人に依っては、もっと少ないのもいたようである。

役としては、火附盗賊《ひつけとうぞく》あらため、市中を見廻る者、奉行所へつとめる者などに分れていたが、中でも最も重い役は吟味与力と称して、これは御白洲《おしらす》で罪人を調べる与力である。

着る物は羽織で着流し、二本差《にほんざし》で、裏白の紺足袋に雪駄《せった》、但し八丁堀風と云って一と目で判るほど、武士としては柔かい物を身に付けて、着物も長めに着ていた。馬に乗る時は野袴《のばかま》を穿いて、ぶっさき羽織、陣笠《じんがさ》、鞭と言う姿である。十手《じって》は持たない。

八丁堀七不思議

七不思議の一つに「奥様あって、殿様なし」これは奥様と呼ぶ以上、その家の主人は当然、殿様と呼ぶべきであるのに、八丁堀の与力は旦那と呼ばれていた。旦那と言えば御新造《ごしんぞう》と言うべきであるための不思議である。

また、「女湯に刀掛け」というのがある。これは八丁堀の女湯には刀掛けがあって、女が入浴する前に旦那方を先に入れた習慣に依るのである。(当時、朝湯は、女湯の方が男湯より早くから沸かしてあいていた。それゆえ勤務前に毎朝、朝湯を使う与力は女湯を使用したのである)

江戸末期の切絵図《きりえず》の八丁堀から与力の名を拾って見ると

南は、小林藤太郎、山崎助左衛門、原定太郎、蜂屋熊之助、蜂屋新五郎、佐久間弥太吉、中田郷左衛門、吉田忠二郎、村井幾二郎、佐野八郎太郎、稲沢弥市兵衛、安藤源五兵衛、徳岡政右衛門、荻野政七、中村文蔵、仁杉八右衛門、中田潤之助、中村八郎左衛門、安藤源之進、由井義三郎、吉田駒二郎、の二十一名

北は、島左太郎、谷村源左衛門、中山源右衛門、松浦安右衛門、中嶋三郎、加藤九郎兵衛、後藤斧二郎、谷村官太郎、藤田六郎左衛門、三村吉三郎、服部孫九郎、松原晋三郎、高橋吉右衛門、秋山久蔵、下村弥助、中村為二郎、加藤又左衛門、金子兵七郎、磯貝悦二郎、小原清次郎、都筑末之進、三好助左衛門、尾崎三蔵、加藤新左衛門、の二十四名である。

同心の人数

同心の語は既に鎌倉時代に現われ、のち戦国時代に及んでは主として軽輩《けいはい》の武士を称する言葉となったが、徳川時代には幕府諸奉行の配下に隷属して、庶務、警察の事に従う下級吏員の称となった。その中、町奉行に属するものはこれを町方同心と称え、その員数は時代によって一定せず、元禄十五年、奉行三員に対して、各々与力二十二騎、同心七十五人を付属せしめたが、正《しよう》徳《とく》三年には与力二十三騎、同心八十人となり、享保《きようほう》四年正月、奉行一員を減じ、一組の人員、与力二十五騎、同心百人となし、のち用務繁劇《はんげき》の理由を以て二十人を増員、幕末に至って更に十

人を増した。そしてその職掌《しょくしょう》は奉行所の会計並に組内の監督に当る年番方、罪囚の特赦、大赦等を管する赦帳方、刑科に関する判例を調査する例繰方、道途《どうと》検察、密偵探索を事とする隠密廻、その他火附盗賊改、牢屋見廻、町火消改、町会所見廻、定町廻、臨時町廻等を専務とし、非違検《ひいけん》断《だん》、罪人捕縛《ほばく》等は常に与力と協力してこれに当り、事の重きは与力これに与かり、同心はその補助として軽率を処断するを常とした。そして同心は犯罪の捜査と犯人捕縛のために目明《めあかし》、岡ッ引の輩を使役したが、年と共にその弊が増加したので、文久二年十一月これを廃せしめ、同心自ら励精事に当らしめた。

八丁堀同心は、与力同様に町奉行の属僚であるが、与力のように奉行の家臣より取り立てられる者は一人もいない。

天正十八年、板倉勝重奉行の時、三州から与力十騎を伴った際には、同心は、五十人であったが、その後、奉行二員となるに及んで同心は、百二十八名に増員された。

寛文《かんぶん》二年（一六六二年）十一月さらに増員して二百人となったが、それより以後天和二年（一六八二年）十一月に八十人を減じて、百二十人にしたので司務が渋滞した。それゆえ元禄九年（一六九六年）相州走水《そうしゅうはしりみず》の番所より同心五十人を移して、一組八十五人とした。元禄十五年奉行三名制（南北中）となって、遠州荒井及び走水の番所が廃止されたので、その番所同心を新任の奉行丹羽遠江守長守に付属させた。その上、南北両奉行組内より各同心十人をさいて新設町奉行所に配属したので、一組の同心数は七十五人となった。ついで正徳三年（一七一三年）には、三奉行所へ小普請組《こぶしんぐみ》より十五人を同心として増員したので、各奉行所の同心数は八十名となったが、更に六年後の享保《きょうほう》四年（一七一九年）正月、中町奉行所が廃止されたのでその組の同心四十人を両南北奉行所に配属したが、残余の六十人はお先手組に編入された。これに依って南北両町奉行所の同心数は、ともに各百名となった。

延享《えんきょう》二年（一七四五年）寺社門前の町家が、町奉行の支配下に移ると、用務繁激の理由をもって、同心の子弟の中より南北両奉行所に各二十人づつ増員したので、同心数は百二十名となった。さらに幕末になり物情騒然となるにおよんで、同心は十八名増員されて南北ともに各百三十八名となった。

同心の給米

同心の給米《きゆうまい》は、旧来は三十俵一口であったが、正保《しようほう》、慶安《けいあん》の頃に南町奉行所の同心二人が、犯人を捕縛した功をもって、一人は七十五俵、一人は六十俵を支給せられるようになった。このように犯人捕縛を特殊な手柄とされるところを見ても、同心の仕事が、今日、捕物帳などに書かれ、また一般に考えられているようなものではなく、むしろ犯人逮捕は、まれだという事が知れよう。これ以後、七十五俵と六十俵の給米は、南組の取扱として、年寄同心、物書同心等の役料に給せられた。

天和年間、年寄同心二十人に対して、各五俵、物書同心五人に各三俵とし、残額二十俵は返納された。後にまた、南組の同心一人が、犯人捕縛の功労を以て七十五俵を増給されたが、寛文年間にこの家は断絶したため、その増給米を組付《くみつき》（取扱の意なり）として、年寄同心二十人の中、十五人が各四俵、自余《じよ》には三俵ずつを配給したことがあった。（こうして見ると同心の給米は、プール制で、今日的にいうと予算及臨時予算を獲得した場合は、なかなか手放さなかったのであろう。官員の気質《きしつ》は今も昔も変りないことが知られる）

その後、添物書同心十人ずつが新たに創置されて、南組は一俵四分ずつ、北組は金二分《ぶ》ずつ給わった。延享《えんきょう》二年（一七四五年）中、増員された部屋住二十人には、南北共に二十俵二口を給した。

同心の役格は、年寄、増年寄、年寄並、物書、物書並、添物書、格、本勤、本勤並、見習、無足見習の十一格に分れ、抱席である。

同心の分掌

同心の職務は、与力を補佐する関係で、ほぼ同じである、即ち年番、吟味、本所見廻、養生所見廻、牢屋見廻、赦帳、高積改、町火消改、町会所見廻、古銅吹所見廻、例繰、風烈見廻等は、与力と同様であるが、その外に同心専属の分担としては、隠密廻、用部屋《ようべや》手付、定廻、臨時廻、昼夜見廻、人足寄場等の係りがある。

隠密廻は探偵のことに従い、道途検察告聞するところ、ことごとくこれが復命報告を任とし、市中異変の検察及び捕縛等は与力、同心協力の職任である。

すべてのことに同心は、与力の補役となるのである。

定町廻、臨時廻は刑事に関する同心の専当（専門）にして、市中巡察の任を受けもつ。

文久《ぶんきゅう》二年（一八六二年）十一月令して「町奉行所配下の与力、同心は従来犯罪の捜査と捕縛のために目明、岡ッ引の輩を使役せしも、その数、漸く増加して情弊《じょうへい》に仕えず、徒《いたず》らに公威をかりて市民の煩《はん》をなすにより、自今これを停廃し自ら精励して事に当るべし」とした。

これは、幕末期のスパイ国家の悪弊の一端を覗かせているが、これは町奉行命令も徹底せず、この悪弊は明治新政府まで引き継がれ、警察国家制度となり、延々と続き、第二次世界大戦の敗戦で、特別高等警察制度の廃止を見るまで、持続されたのである。だが、敗戦後、ＧＨＱの命令で廃止された特高制度は、再び公安第一課によって再建されつつあるは衆知の事実であろう。

同心組屋敷

同心も与力同様に組屋敷を与えられていた。

元和《げんな》年間八丁堀、法泉寺、願成寺、長応寺の三寺を移してこれを組屋敷地とした。

寛文《かんぶん》二年（一六六二年）同心が百人に増加した時には、本所二ノ橋南方の地にこれを賜い、別に同心支配与力四騎を移住させ、その組屋敷をも給せしことがある。

元禄九年（一六九六年）本所法恩寺前に同心組屋敷を給し、後に元大坂町青山播磨守屋敷に移転したが、享保四年（一七一九年）公収された。この内五十人は八丁堀の同心組屋敷に移った。次に再び「江戸に就ての話」の中から引用さして頂く。

同心の生活

同心は、どういう理由からか、御家人《ごけにん》（お目見得以下《めみえいか》）でありながら「お抱え」という名義になっていて、年季者のような取扱いを受けていた。

毎年大晦日の夜、上役の与力の役宅へ呼ばれて、「長年申付くる事《ちようねん》」といわれて来年も引続き勤めることを言渡されるのである。従って何時やめさせられても致し方は無いことになっていた。他に対しては非常に勢力を持っていたが、その実は、地位は卑《いや》しかったので、町奉行所の御白洲へ出るような役の者でも、床の上にはいないで砂利の上にいた。これは俗に突く這い同心といって与力の下について、同じく八丁堀に住んでいた。

取り高は三十俵二人扶持。（三十俵は年俸であるが、二人扶持は、一人扶持は米五合、日給ゆえ即ち月一斗五升で、年には一石八斗、四俵半となる）

これも他に収入があった。与力が武家を御出入り屋敷のようにしていたのに対して、同心は町家の大きい家に出入りしていて、盆暮には相当のものを貰っていた。勿論、これも自分一人のものにして置くわけには行かないので、部下の岡ッ引きや手先きに分けてやらなければならなかった。

組屋敷は、五、六十坪から百坪程度で、この地所内を他に貸していた者もあった。それは押借《おしか》りや強請《ごうせい》に入られる心配がないので、借りる町人は地代が少々高くても、よろこんで借手があった。これも余得の一つである。

岡ッ引と同じく何時科人《とがにん》を追いかけて旅に出ないものでもないので、そのために五両から拾両ぐらいの金を懐ろに入れていた。

装は、羽織、着流し、二本ざし、裏白の紺足袋、雪駄、十手。これも八丁堀風に着物を長めに着ていた。

以上で、八丁堀与力・同心に関しての概略はつかめたことと思う。

日本橋

八丁堀の体制

八丁堀与力・同心についてその概略を記したが、まだ充分でない点もあると思うので、更に詳細は諸文献を参考として、出来るだけ深く八丁堀与力・同心について筆をすすめることにする。多少既述と重複する個所もあると思うが了承されたい。

八丁堀与力と同心

与力も同心も、今日の人々は町奉行にのみ付随していたもののように誤解しているむきも少なくないようだが決してそうではない。一例をあげれば、御先手《おさきて》組、火御番、留守居、その他にもそれぞれ従属していたもので、本務のものを補助する意味を含んだ下役なのである。

八丁堀与力・同心は、八丁堀の名を冠せられることによって町奉行付と明確に指示された通俗的の呼名であった。単に住所が八丁堀にあったからばかりでなく。他の与力・同心と混同することなく、町与力・町同心なることを示すためにも必要だったのである。

町与力の定員は、五十騎であった。それが両分され南北の両町奉行に隷属《れいぞく》していた。（幕末には四十六騎、双方に二十三騎ずついた）各二百石高で、与力全体の知行所として上総・下総の地方で一纏《まと》めに一万石を賜っていたのだから、普通の武士としてはチョッと風変りなものである。二百石だから旗本でなければならぬが、旗本でも五百石以下は、知行所がないのに、町与力は一まとめに知行所（一万石だから大名で領地になるわけだが、五十人分だから、そうは言えない）があり、旗本なら戦場へ手勢を引具して馳せ参ずるのだが、与力は職業柄出動しなかったばかりでなく、手勢を持たぬ。（これは、同じ二百石取り旗本より経費が不要ゆえ、富裕だということになる）

与力は、将軍にお目見得《めみえ》はないから、お目見得以下である。以下ならば御家人かといえば、馬上の者だから幾人と言わず、何騎と数えた。身分は槍一筋の武士なのだからその点からすると、全く御目見得以上の格式になり、御家人とは違っていた。（普通、御家人と呼ばれるのは、御目見得以下で、百石以下の者であったのだ）。

その上に形式だけであったが、与力は一代抱えであった。倅《せがれ》が十三、四才になると無給で見習に出仕する。それが家督《かとく》をついで採用される。これは町同心も同様だったが、とにかく、事実は世襲だったにもかかわらず、形式は一代抱えなのだ。しかも町与力には転勤も転役もなかった。旗本でも御家人でもない、変則的な一階級をなしていたのが、町与力である。

町与力も町同心も、共に八丁堀に住居したのは、正徳三年（一七一三年）三月以来のことで、その以前は、上野広小路から日暮里、元金杉あたりに住んでいた。町与力は、三百坪、町同心は百坪ずつ宅地が下賜《かし》された。

町与力の実態

町与力は旗本風に全部が冠木門《かぶきもん》であり、一軒も御家人風な長屋の邸宅はなかった。門内には小砂利を敷詰め、敷台があって、正面には大きな紗綾《さあや》型なんぞが張ってあった。正月には、火消しが挨拶に来るが、与力は、裃で敷台の畳のところで挨拶を受け、火消の頭が、土下座して年頭の祝儀を申し述べたものだ。こうしていろいろな意味で、一般の武家とは、違うところが多かったので八丁堀風という、一種の型ができていた。

八丁堀七不思議などは、その一ツで、

一、奥様あって殿様なし。
二、女湯に刀掛。
三、金で首が継げる。
四、地獄の中の極楽橋。
五、貧乏小路に提灯かけ横町。
六、寺あって墓なし。
七、儒者、医者、犬の糞。

右の七ツである。

一は、昔は殿様の女房でなければ奥様とは言わなかったが、与力は旦那と呼ばれたのに、その女房が御新造でなく奥様だったのである。それについて、

殿様と言いましょうかと女房いい

という川柳があった。

これは和学方の塙保己一《はなわほきのいち》の嗣子《しし》、次郎がお目見得以上《めみえいじょう》に出世した時に諷したものである。当今の乱雑な言葉づかいに比べて真に隔世の感がある。お目見得以下では、夫は旦那、女房は御新造と定まっていたのだ。

二は、女湯に刀掛は、八丁堀与力は、時々朝風呂に出かけたからで、男湯は、早くから入浴者があるのに反して、女湯は、朝はガラ空きだから、与力達はきれいな女湯の方へ入浴した。従って刀掛も必要で、これは日本全国何所へ行っても見られない図なのである。

三、四の「金で首が継げる」のも「地獄の中の……」も共に、町与力の権力権勢を言ったもので、一面には弊害をも示している。

次の五、六は、与力・同心には無関係のようだ。

七の「儒者・医者」は、これは与力・同心に関係があった。というのは、邸地を与力は三百坪、同心は百坪も賜っているので、その一部を貸していた者が多かった。主として、儒者や医者が借りたもので、貸す方も体裁上からそれを歓迎した。何しろ日本橋に近く、地の利を得ているので、医者などには誠に適当な住所だったのである。勿論、盗難の恐れもなかったであろう。なお、犬の糞については何のためからか判然としない。

町同心の実態

町同心は、三十俵二人扶持だった。同心の役格は、年寄、増年寄、年寄並、物書、物書並、添物書、添物書格、本勤、本勤並、見習、無足見習の十一である。

年寄同心になると五俵、物書同心になると三俵の増俸がある。これは知行所などでなく俵取りのみだった。

員数は、約二百人とされていた。抜擢《ばってき》されて与力になることは出来たが、それ以上は出世の道はない。これも形式は一代抱えで、実は世襲の職であった。ほとんど八丁堀にいたのだが、本所にも幾分はいたとも伝えられている。

宅地は百坪ずつ下賜されていたが、町家造りであった。一体に八丁堀には商家はなかったのである。近くに賑かな通りがあるので淋しい街ではなかったという。

与力・同心の職責及び分課

町与力・町同心の分課は、享保年間（享保は二十年まであり、元年は一七一六年である）に与力は吟味、同心は捕物とされたが、文政《ぶんせい》の「江戸《えど》町鑑《まちかがみ》」によれば左の如くである。

南北両町奉行所詰の与力・同心（各与力二十五騎。同心各百人）総員を双方とも一番から五番まで、組分けのままにその氏名をあげ、更にその職掌によって、次のように分けた。

年番与力、同下役（同心）、御詮議役、同下役、籾蔵《もみぐら》係、同下役、本所改役、同下役、養生所見廻役、同下役、町々高積《たかづみ》改役、同下役、牢屋見廻役、同下役、町火消人足改役、同下役、江戸御橋係、同下役、古銅吹所役、同下役、定廻り、臨時廻り、同増。（定廻り以下は同心のみの勤役《きんやく》なり）。

幕末に近づくにつれて分課は一層細かになっていった。

名与力の著書

幕末の頃の名与力とうたわれた南町奉行付の佐久間長敬の書き残されたものを左に掲出して見よう。

年番方、与力三騎、同心六人。同書物方三人、旧時は同心支配役中より毎年、交代にて勤務したり、よって年番の称あり。

近時は、抜擢により任命せられ継続して勤務す。而して、その職とする所は、役所全般の取締、金銭の保管出納及び組中の監督、同心分課の任免等にあり、また臨時主要なる事項を処理す。

一、本所方。与力一騎、同心二人。

本所、深川に関する諸般の事務を取扱う者にして、橋梁・道路の普請、建物の調査及び名主の進退等を掌《つかさど》る。

本所道役と称する属吏なり。また鯨《くじら》船《ぶね》と称する快船《かいせん》二隻を管し、洪水の際は、橋梁の保護及び人命救助の事に従う。
二、養生所見廻。与力一騎、同心二人。
小石川白山に設置しある貧乏施療所《せりようしよ》の事務を管理す。
三、牢屋見廻。与力一騎、同心二人。
小伝馬町の囚獄に於ける諸般の事務を監督するものなり。
四、吟味方。与力十騎（本役四騎、助四騎、見習二騎）同心二十人。
民事の審理勧解《かんかい》、刑事の審糺《しんきゆう》及び終結執行に関する事務を掌る。
五、赦帳《しやちよう》撰要方人別調掛《せんようかたにんべつ》。与力四騎、同心八人。
既決囚人の罪質により調査し置き、赦令ある時、これが名簿を製し、その取扱をなし及び撰要類集（判決例）の編纂を掌る。

また人別帳《にんべつちよう》（戸籍謄本）の事を管す。
六、高積見廻。与力一騎、同心二人。
体裁の維持、危険の予防のために町々河岸等、商品を積重ねるに制限ありて、これが違反者なきかを巡廻して取締ることを掌る。
七、町火消人足改。与力二騎、同心四人。（十一月より三月まで、与力一騎、同心二人を増す）
出火の際、町火消の防火、進退の指揮をなす。

八、風烈廻。昼夜廻、与力二騎、同心四人。常に市中を巡廻して、非常警戒をなすを掌る。

九、例繰方。与力三騎、同心四人。罪人の犯罪の情状、断罪の擬案を蒐《しゅうしゅう》集記録し他日の参考の資に供し、また事に臨んで検討索例の事を掌る。（この帳簿の記録以前にメモとして御用部屋で書役が書留めたものが、今、世間に流布されている捕物帳である）

十、町会所掛《まちがいしょがかり》。与力二騎、同心四人。町会所における積金、貸金、窮民救助、囲籾《かこいもみ》に関する事務等を監督す。

町会所は、寛政改革で有名な時の老中白河楽翁の発案になるものである。七分積金及び江戸中窮民救恤《きゅうじゅつ》のことを取扱う所で、江戸市の経営に預かる。（火災保険その他の類種の企業なきために発案された市民の自衛手段である）浅草向柳原に設けられた。

寛政《かんせい》二年に老中松平定信《まつだいらさだのぶ》（楽翁）が、江戸中の町法を改正した時、天明《てんめい》五年から寛政《かんせい》元年まで五ケ年間の町費を書き上げさせ、毎歳の歳入と歳出とを査算し、江戸市町費の歳出に推敲《すいこう》を加え緊縮節約を命じた。

歳入は、そのままにして歳出を全部改正して、それを将来支弁すべき一ケ年の町費と定めた。そして、前五ケ年間の平均の町費と、新予算案との歳出差額を出して、その一分は町内臨時の入費、二分は地主の増収、残る七分は積金とし、これを以て窮民救恤の資金と定めたのである。七分積金の名称は、ここからきている。

積金は、毎月十一日から十五日までに名主二十一組が、日割を定めて上納し、掛りの用達人《ようたしにん》が手代を随《したが》え会所に集り、積金を検収し、その都度、家賃、貸付、囲穀買入、会所及び籾庫の修理費など口座によって、それぞれ支払をなした。

出納に関することはすべて、用達商人の受持とされ、町方及び勘定方の役人は立会ったのみである。

籾庫、町会所の制度を設けると同時に、会所の隣に寛政四年六月、籾庫を建て、幕府は前後二回に二万両の補助金を下付して、金穀《きんこく》を貯蔵せしめた。

町会所も七分積金が次第に貯蓄され、勘定所用達三谷三九郎外九人に委託して、一般に貸付け、その利子で会所の吏員、用達商人、年番肝煎名主などの手当を支出し、着々として金穀を準備した。従って、多い時には籾四十万石以上と金銀七十万両ぐらいが、蔵に唸っていたといわれる。

幕末に際した慶応四年にさえ籾三十二万石、金二十五万両も残り、それが地所払下代金等と共に明治維新後の東京市建設に多大の貢献をするところとなった。

楽翁の功徳は寛政以後の江戸町民のみでなく、明治に至って東京府市の住民に及んだわけである。

十一、定橋掛。与力一騎、同心二人。

官費経営に係る橋梁に関する事を掌る。
十二、古銅吹所《ふきしょ》見廻。与力一騎、同心二人。
本所横川なる松田甚兵衛の経営する古銅吹替の業務を監督する。
十三、市中取締諸色《しょしき》調掛。与力、同心。（時に異同あり定員なし）
市中取締に関する諸般の事を掌る。
十四、猿屋町会所見廻。与力一騎、同心二人。
浅草御蔵札差《ふださし》の業務の執行を監査する。
十五、御肴青物御鷹餌鳥掛。
名称の事務を掌るものにして、南町奉行の年番方兼掌す。（この役は北町奉行にはなし）
十六、諸問屋組合再興掛。与力八騎、同心若干人、諸問屋組合再興に関する事務を掌る。
（天保改革の時に諸問屋株を廃止し、それが復旧を見たのでこの一科を設く）
十七、非常取締掛。与力八騎、同心十六人。
非常事件の取締に関する事務を掌る。（従来は非常というと火事と解せり、この頃は各種の突発事件をも意味す）
十八、外国掛。与力、同心若干名。
外国及び外国人に関する事務を掌る。

神奈川開港当初は、神奈川、横浜も江戸町奉行の管轄下であったが、後に神奈川奉行所が設置されて、管轄はその方に移ったが、奉行は江戸在住で、新規設置の神奈川奉行の手薄の与力・同心では心もとなく、江戸町奉行所の与力、同心も応援したようである。

十九、開港掛。与力、同心若干。

横浜及び江戸開港開市に関する事務を掌る。

二十、御国益御仕法掛。与力、同心若干。

名称の事務を掌る。

二十一、諸色《しょしき》潤沢掛。与力、同心若干。

同上。

二十二、諸色値下掛。与力、同心若干。

同上。

二十三、箱館産物会所見廻。与力一騎、同心二人。

箱館奉行所管轄地の物産売捌の事を監督する。

二十四、外国人居留地掛。与力一騎、同心二人。

築地外国人居留地設定に関する事務を掌る。

二十五、町兵掛。与力、同心若干。

江戸市民の壮丁《そうてい》を募り、訓練して自衛の事に任ずる事務を掌る。
二十六、人足寄場定掛《にんそくよせばじょうがかり》。与力一騎、同心二人。
石川島に設置したる無宿罪人の懲治《ちょうじ》場の事務を監査し、かつ、横須賀埋立に使役する寄場人足を監督する。
二十七、硝石会所見廻。与力一騎、同心二人。
硝石採集、弾薬製造に関する事務を監査する。

以下は同心のみの職責である。
一、用部屋手付《ようべやてつき》。同心十人。
奉行用人に属し、刑事断案の調査起稿を掌る。
二、隠密廻《おんみつまわり》。同心二人。
奉行に直属して秘密探偵の事を掌る。
三、定町廻《じょうまちまわり》。同心六人。
法令の施行を視察し、非違を勘査し、犯罪の捜査逮捕の事を掌る。
四、臨時見廻。同心六人。
職掌、定町につぐ。
五、下馬廻。同心六人。

諸侯登城の日、大手門外、その他において僕隷《ぼくれい》の取締をなす。
六、門前廻、同心十人。
月番老中若年寄《つきばんろうじゅう》の対客日にその門前の取締をなす。
七、御出座御帳係。同心六人。
評定所へ、老中出座の日における事件名薄の調製を掌る。
八、定触役《じょうぶれやく》。同心三人。
臨時出役事件ある時、同心当任者の触当《ふれあて》をなすことを掌る。
九、引纏役《ひきまといやく》。同心二人。
出火にて奉行出馬の際、随行諸般の用務に服す。
十、定中役《じょうなかやく》。同心十人。
臨時触当によりて諸般の出役に従事す。
十一、両御組姓名掛。同心一人。
両組与力、同心、姓名帳編纂及び加除記入の事務を掌る。

以上である。この外に出役といって、与力も同心もその職業柄、必ず働かねばならぬ事が、およそ二十七項あった。

八丁堀の旦那衆とは、それが町与力であり、町同心である。文久《ぶんきゅう》以前と以後とでは大分風俗も変っていたというが、町与力・町同心には一種異った服装や慣習があった。（文久は三年まで一八六一年より三年間）

与力の服装

与力が町奉行所へ出勤する時や、その他、正式の外出には挟箱《はさみばこ》を供の者に持たせて出かけたものだ。それには熨斗目《のしめ》、麻上下《あさがみしも》、紋付、裏付の肩衣《かたぎぬ》、裃《かみしも》（ホロ麻、横麻《よこあさ》、竜門《りゅうもん》など）、裏付の上下、縞の着物、紋付着物、野羽織《のばおり》（木綿の割羽織《わりばおり》、俗に言うブッサキ、後の方が切れていて、本当の名は割羽織、冬だけ着た。勝色《かちいろ》無地が多い）、野袴《のばかま》（踏込《ふみこみ》、黒八丈の縁取り）。

乗馬袴、野服《のふく》（半天股引《ももひき》、半天は前を合せる。小紋または無地で紋をつけぬ）

帯（木綿の上帯、色縞）、帯締め（麻で三尺、何色でも前で結ぶ、上締と呼ばれるもの）

脇差ヒキハダ、その際は一本差し。刀は家来に持たす。

紋付帷子《かたびら》、白帷子（八朔《はっさく》だけ。八朔は八月一日）

脚絆《きゃはん》（小紋）

紋付黒羽織（斜子《ななこ》、羽二重《はぶたえ》無地の糸織など）

羅紗《らしゃ》羽織（無地、夜寒の出役の時）

白足袋、紺足袋（奉行所にいる時は白足袋、出役の際は紺足袋を用う）

以上が挟箱には入れられてあった。

これを要用十五点といったが、実は二十点以上にもなっている。これは場所に関係なく何時でも着替えられる用意のためとされた。

奉行所では継上下でいたのである。

同心の服装

同心は羽織袴で出勤していた。

廻り方は、三ツ紋付の黒羽織、竜紋《りゆうもん》の裏付、夏ならば紗《しや》か絽《ろ》を用いた。暑い時分は菅《すげ》の一文字笠だし、寒い時や風の烈しい時は、頭巾《ずきん》を用いたが、寒暑とも冠《かむ》り物をしない方が多かったのだ。それは頭髪（髷《まげ》）の関係からであったらしい。

小銀杏《こいちよう》という八丁堀独得の結方《ゆいかた》が、冠《かむ》り物を邪魔にした。髪結《かみゆい》が毎日廻ってくる。日髪日剃《ひかみひぞり》で、月代《さかやき》は額を広く生際《はえぎわ》を見せないように小鬢《こびん》のところまで剃り、一《いち》が詰って、髷は短く、一文字の撥毛先《はけさき》で拡げただけで散らさず、引詰めずに髱《たぼ》を出し、頭へピッタリとつかないように結上げる。一の長いのは禁物で、御家人風を極端にきらった。

御成先《おなりさき》（お成先とは将軍家行列先である）でも着流し御免だったから袴はつけず、博多の帯に雪駄ばきという粋なものだった。

十手と佩刀

赤い房のついた十手を佩刀《はいとう》と並べて差すのが与力で、同じ風俗でも同心は必ず十手を後に差したものだ。供は一本差、御用箱《ごようばこ》を後向に持っているのが与力ので、背負っているのは同心のだ。この外に、紺看板梵天帯《こんかんばんぼんてんおび》に股引草鞋《わらじ》で、木刀一本差した中間《ちゅうげん》が一人、岡ツ引は大体二、三人付いていた。

捕物帳

捕物帳《とりものちょう》は、また捕者帳とも書くが、与力や同心が、目明し等の報告を聞いて、更にこれを町奉行所に報告すると、御同部屋に当座帳のようなものがあって、書役がとりあえずこれに報告を書留めて置く。その帳面を捕物帳といったもので、捕物帳に関係のある演劇・映画・テレビ・時代小説を愛好するものにとっては、馴染深い名称である。次に八丁堀与力・同心とは切っても切れぬ縁故がある岡ッ引即ち目明しのことについて詳述する。

今川橋

目明しの話

岡ッ引、目明しと呼ばれた町方の者たちは、公認の幕吏《ばくり》ではないので、その生活については、公文書《こうぶんしょ》には勿論、江戸期制度の官吏《かんり》についての書物にも記述がない。次に、信用のおける文献としては「三田村鳶魚《みたむらえんぎょ》・江戸ばなし」(青蛙房刊)があるので、それから引用することにしよう。

目明しの巣立

ところで差口《さしぐち》をします諜者《ちょうじゃ》、これは手先《てさき》ともいいますし、御用聞《ごようき》きともいいますし、岡ッ引ともいえば目明しとも申しましたが、同心に使はれている表向の者は小者《こもの》というのです。

小者は奉行所へ通っていますが、手先とか岡ッ引とか言うものは通っていません。全く蔭ののので、誰が何という御用聞をつかっているか、御奉行様は勿論御存知がないのです。定廻《じょうまわ》りの同心などは、中間を供に連れておりますが、それは町奉行の中間でありまして、その他に自分の使っている小者というものがある。芝居のトッタリに出て来るのは、この小者の風態を模したものであります。尤も芝居のトッタリに出てくる奴は、赤い房の十手を持っておりますが、小者の十手には房がついていない。赤い房のついた十手を持つのは与力と同心に限ります。

目明しの給金

この手先、目明し、岡ッ引、御用聞などといわれている手合《てあい》は、同心の下働きをする者ですが、その多くは給金などを貰ってはおりません。小者は始終同心について歩いてもいるし、同心の宅にもいる。そしてその給金たるや半季（半年）に二朱《しゅ》位のものです。下女の給金でも二両二分から三両はするというのに、大の男でありながら、一年に一分（四朱が一分）しか貰えない。

一分と申せば、いうまでもなく一両の四分の一ですから、下女の給金と比較しても、やすいにも何にも話にならない。それでも貰えれば、岡ッ引、目明しの中ではいい方なのです。そんな給金で使われているのは馬鹿な話のようですが、小者だけは同心が使っているということが上へ通っている。その他は幾人手先、御用聞、目明しの類がおりましても、奉行所の方へはちっとも知れていないやつが多い。まったく使っている同心限りの人間なのです。ですから、改めて任命するの、しないの、その手続のということはありません。ただ使っている同心が、自分の手札を渡して置くだけに過ぎない。それでも手先とか、目明しとかいう連中の故参の者は、なかなか大親分になって大勢の子分を持っております。

大親分になりますと「旦那、何分お願い申します」と言って、自分のついている同心に頼んで、子分のために手札を貰ってくれる。そうすると給金は無いけれども、一人前の御用聞ということになるので、大親分の下には、同心の手札を貰わない子分も随分沢山おりました。

そういう風でありまして、廻り方の同心というものは、大親分の親分になるわけですから、随分人を持っている。大親分たちは大抵何か商売がありますが、それも料理屋とか、寄席《よせ》とかいうものが多い。そんなことをしようという奴になると、同心に対して、今度鮨屋をはじめますとか、天麩羅屋を開業したいから何分よろしくと言ってくる。多年使っている人間でありますから、二十両や三十両の金は出してやるというのが、先ず普通になっておりました。

鉤縄十手の稽古

廻り方の宅には、小者の外にこういった、何ともつかないような連中が、いつでも二人や三人は、拭掃除なんぞをして、下男のように働いていたものですが、こんなごろごろしている連中でも、鉤縄《かぎなわ》や十手（十手は、長さ一尺五寸前後の鉄製の棒の側に鉤を設けて逮捕すべき犯人の切込みを防ぐのに用う。「近世事物考」に、十手の用法は清人陳元贇《ちんげんぴん》が来朝して伝えるところの逮捕の法ということで、徳川幕府はこれを採用して、その用法を幕府の捕吏《ほり》をして習得させたという。階級によって形に小異あり、所管によって柄に結べる総紐《ふさひも》の色を異にした）の稽古はする。

鉤縄

鉤縄というのは、縄の先に鉤がっいていて、その鈎を左の襟元へ引掛けまして、一本縄でぐるぐる巻にしてしまう。非常に手ツ取早く縛るので、そうして置いてから本縄をかけるのです。けれどもこの手先、岡ッ引と称する奴は、元来が諜者なのですから、同心の指図がなければ、如何なる場合でも犯人を縛ることは出来ない。

小者と手先

小者といえば同心の召仕になっている者ですが、それでも同心の命令がなければ、人を縛ることは出来ません。縛るということは、昔でもなかなか重いことだったのです。

手先と称する者どもは、毎日寄合うところがところどころにあったといいます。殊に八丁堀附近には、彼等の落合うところがあったそうですが、まだ外にも何箇所か、そういう所があったらしい。

こういう人間どもは、別に誰の手ということが、きっときまっているわけではない。主従の関係でもないのですから、気の合ったところへ出入する。貰った手札というものも、必ずしも現在出入している同心のものとは限りません。先役、先々役あたりから貰ったのを、平気で持っている奴も珍しくはなかったのです。彼等は廻り方の誰にでも、勝手次第に出入する。足繁く出入しているると、自然その人に付属するようになってしまう。

廻り方(同心)の方でも、あいつはなかなか工合がいい、ということを聞けば、どれを呼んで使ってもいいのでまた呼ばれて来ないなんていう奴もなかった。先役の手札を貰った奴は、必ず後任者のところへ出入するということもない。手札を貰い直すということもなかったのです。それですから随分取締があって無いようなもので、有力な犯人などを突留めた場合に、ことによるといつも出入しているところでない、他のところへ持って行って知らせるなどということもあったそうです。それと共に、幾人もある廻り方ですから、一人に所属しないで、大勢のところへ出入する奴もある。南と北と両方の廻り方のところへ出入して、その上にまだ加役《かやく》の方の同心のところへも出入する、というような奴もあったようです。勿論、そういう手合は、大親分のところにころがっていて、食わして貰っているような奴もあり、職人、日傭取《ひやとい》、出前持、大道商人というようなもので、子分になっている奴もあった。

親分の仕事を手伝う諜者といったところで、きまった人があっても無いようなもので、大変幅広く諜者がいるようなわけにもなったのであります。

その代り親分のところにいて、手助けをするような奴でも、同心の方へは名前も通っていないようなのが沢山ありました。何しろ親分限りの人間ですから、廻り方の知らないのがいくらもある。それですから、化込《ばけこ》むとか、玉を下げるとかいう時には、誰をどうしたんだか、ちっとも訳がわからずに用の足りることもあったのです。

同心の内におって、小者にでもなっている奴は勿論の話ですが、御用聞で親分の所にごろごろしている奴などは、手当も何も貰わないのに、随分酔狂な話のようですけれども、それが別に探偵の興味を持っているとか何とかいうようなものではない。そいつらが近所の興行場とか、内会《ないがい》の博奕《ばくち》でもするところとか、私娼《ししょう》の匂いでも嗅ぎ付けますと、そこへぶらりと出かけてゆく。あいつは誰のところにいる人間だ、ということは知れていますから、

「やあ兄イ来たか、茶でも飲んでゆきなせえ」と言って、直ぐその後から、これはまことに少いけれども、というので、いくらか包んで出す。近所を一廻りすれば、二朱や一分の小遣いは直ぐ出来る。それが嬉しくて、彼等はただ使われて喜んでいるわけなのです。

けれども小遣いになるというので味を占めて、むやみやたらに足近く出かけて行ってもいけない。

「兄イあんまりひどいじゃねえか、この間ナンしたばかりだし、この頃は景気もよくねえから、またきてくんねえ」というようなことにもなる。そこを器用にやりさえすれば、厭な顔もされず、小遣い銭にもなるのです。つまりこの調子一つで、顔がよくもなれば悪くもなる。如才ない奴は、人に厭がられず、いくらずつか男をよくしながら、銭にも困らないようにすることが出来たのであります。

同心の内に使われている小者などになりますと、方々の付届《つけとどけ》というやつがいろいろな工合式《ぐあいしき》に入つてきますからそうおかしなことをいわなくても、小遣い銭に困るようなものではなかった。

諜者の弊害

大親分のところにいる連中でも、たちの悪い奴は、繁昌している商家の前で、ごたごたして何

となしに包んだものを貰うことなどもありました。元来この諜者という者は、よろしくない人間どもを逆に使って、探偵の働きをさせるのですから、決し面白いわけのものではない。弊害は勿論いちじるしいものがあるので、この弊害に就きましては、江戸時代の政治論として、随分手きびしく、しつこく論じられております。

幕府のはじめた事柄ではありませんが、殊に戦国以来、犯罪の検挙に就て、嘱託《そくたく》ということが行われました。盗人にせよ、火付にせよ、たとえその仲間であっても、事実を申し出た者には、何程の褒美を与えて、その罪を免除される、という意味のことを書いて方々へ張出す。これが嘱託です。同類に訴えさせるのですから、大変早わかりのする事柄でありますが、また随分弊害の生じそうなことでもある。つまりその筋を伝ってゆくので、悪い奴を捕えて、悪い奴を捜させる。これがいわゆる御用聞、岡ッ引、手先などというような者を生ずるわけなのです。

もう元禄度になりますと、随分ひどい弊害を生じておりますが、それが享保度に入っては、更に甚しくなって参りました。

享保二年八月の町触《まちぶれ》を見ますと、贋者《にせもの》が沢山ある。それ故に、何処の番所にも目明しというものは一人もないから、目明しなどと言って彼是する者があったら、早速訴え出ろ、という達しをしております。

それから五年の五月になりますと、那須屋仁左衛門という者が、加役方の目明しと称して方々から金を取った。これは強請で、遂に獄門《ごくもん》になりました。自分の旧悪をあばかれるのが困るために、仁左衛門に金を出した町人どもは、いづれも科料《かりよう》の処分になりましたし、仁左衛門の下を働いて、町人どもとの間に入った奴は、みな打首《うちくび》になりました。

そうして、以来は目明しという者は一切ならぬ、ということを触れております。

贋役

しかし目明しということに就きまして、これよりもっと前、正徳《しようとく》年中にも、犯罪を赦して捜索上の便宜にして置く人間がある趣であるが、左様なことは一切相成らぬ、ということが達してあるのを見ると、よほど前から、この弊害に困ったのであろうと思います。

贋役ということに就きましても、前申したような有様ですから、贋役か、本役か、弁別《べんべつ》がつくわけのものではありません。享保度の名地方官といわれた田中丘隅《たなかきゆうぐ》などは、「近年目明しという者ができて、むずかしく知れにくいことを見出し聞出してきて問い落すので、大変検挙上に便利であるから、その筋ではどこにもここにも、目明しのないところはないようになった」ということを書いておりますから、享保度には目明しの数が多くなっているのではないかと思われる。

けれども享保度に目明しがはじまったように考えているのは、田中丘隅にも似合わない話で、現に正徳度の触れの中にも、近年目明し、口問《くちとい》などという者があって、奉行達がその輩の力を借りて天下の政治をするのは怪しからんことである、爾後《じご》、左様の事は相成らん、ということがあるのを見れば、目明しという言葉も、享保度にはじまったものでないのみならず、その仕事はもっと早く、戦国以来そういう姿になってきたものと思われます。

もう一節、関係のある文章があるので引用する。

手先とその親分

手先と同心との関係や、手先とその親分との間柄や、親分と同心との交渉は、まことに分りにくい。

今泉雄作翁は八丁堀の同心の家に生れた人ですから、かってその見聞を話してもらったことがありますが、その話で知れていない事柄が、余程わかりました。

それはこういうのです。

名同心聞書

表面は定廻り、臨時廻りの総体に手先が属することになっているが、習慣の久しきところから、此方に厚く其方に薄いというようになって、自然きまって出入する者ができるようになる。

定廻り臨時廻りの盛んな家には、始終手先がきているので、台所には酒樽が置いてあって、酒を飲ませる、御馳走に肴《さかな》を食わせる、というような状態であった。

豆圧などという人は、この頭になるのだけれど、こういうところに出入りする子分になると、内のものはともかく、主人だけは呼び棄てにしていたものである。が、これは旨いものを食わせたり、酒を飲ませたり、或いは物をやったりしなければ十分に働かない。定廻りや臨時廻りの手柄というものは、下ツ端の手先が働いてくれなければ仕方がないのだから、おのずから優待することになる。だから、ただ御馳走するばかりではない。仕着《しき》せと称えて時々の着物もやるし、表向ではないが、金もやったりしたものである。なぜ、同じ同心でありながら、定廻りのものは、これだけのことが出来たかというと、何しろその人が有名でなければいけない、江戸の町中の信用がなければいけない。そこで江戸の金持は、皆、廻り方の家へ付届けといって金を持つて行ったものである。

これも初めは秘密だったかも知れないが、盆暮とか、五節句とかいう時に、その付届けを持って行って、もし家に何事かあった場合に、それを軽く済して貰うようにする。表向にすると金がいるし、その他にもいろいろな事情があって、お出入が願いたいというので、金を持ってくる。賄賂《わいろ》というものでもない。今日からいうと、随分おかしな話だが事実そういう状態であった。

私の家は廻り方ではなかったが、年寄と称えて少し格があったものだから、そのために皆やって来る。付届けといって、水引をかけ、熨斗をつけて、きまったものを持ってくる。貰う方でも格別怪しまずに、どうも有難う、相変らず、というような調子ですましていた。そういうものが定廻りには沢山ある。それにはまた、大名が頼んだ。大名でも時に町方を頼まなければならないことがある。そこで定廻りを出入りにするというので、留守居がやって来て、宜しく扶持《ふち》をくれるようにする。

扶持ということも、今の人には説明がいるかも知れないが、一人扶持が日に五合（玄米）、十人扶持というと日に五升の米がくる。（十四キロで一斗、旧暦の一年は三百六十日）これが一年三百六十日ある上に、人望があると、三ケ所からも四ケ所からもくるから、相当な高になるのである。

これにはまた、面白い話があって、出入りの大名から羽織ができることになる。ところでその家へ行く場合には、貰った紋の羽織を着て行かなければならぬ、まあ、今の職人の印絆纏《しるしばんてん》みたいなものである。羽織は毎年貰うので、だんだん溜つてくる。私の家の紋も元来は横木瓜《よこもっこう》だったのを、祖父の時に丸をつけたので、現に祖父の建てた石塔には、その紋がついたのが残っているが、それもこのわけで……次の羽織がくると、前のは自分の家の定紋に直す。その場合、丸がついている方が直すのに工合がいい、それで横木瓜に丸がついていたが、私の代になってから、もとの丸のないのに返してしまった。

八丁堀の同心は、定服として黒紋付の羽織を着ていなければならぬ、が、妙なことには、侍でありながら、お成先着流し御免ということになっていて袴を穿かない。これが侍の中では、ちょっと異っている、与力の方は袴を穿くけれども、同心に限って穿かない。これはどういうわけだか、はっきりわかってはいないが、私の考えでは、こういうためではないかと思う。

私の曽祖父《そうそふ》の時代――天明あたりには、手先という者がごく少かったので、自分で賊を捕えなければならなかった。曽祖父は馬も上手だったし、剣術も柔術もかなり出来たらしいが、その時分に丁度「突き」ということがあった。これは旗本の悪い奴が、槍を以て乞食を突いて歩いたので、それを捕えろということになって、曽祖父は下に着込《きこみ》を着て、乞食のなりをして、千住の大橋に寝ていた。はたして悪者がやってきて、槍で突かれた時に身を引いたので、着込にズウッと疵のついた、その着込が私の家に残っていたが、とにかく、そ奴を手捕《てど》えにした。これは武術が出来なければ、いかんことは勿論だけれども、こういう場合には普通の着物ではいけない。昔、侍の着る袢纏股引《はんてんももひき》というものがあって、上は筒っぽで、下へ股引を穿いた。袢纏股引というと、今あるのは職人のやつだけだが、昔のは股引の膝のところとクルブシのところを紐で結ぶようになっていて、いわば洋服の更に便利なものだ。

そういう訳で賊を手捕えにする必要から、今のようななりをしていたが、だんだん時代がたつに従って、或る場合には角袖《かくそで》の巡査みたいに、ただの着物を着る必要も起ってくる。手先もあれば、ある方が便利だから、だんだんその数がふえてくる。そのために自身が袢纏股引で歩くことはなくなったが、その習慣で着流し御免ということになったのではないかと思う。

もっともこれは、私の考えだけで言うのだから、そのことは繰り返して断わっておく。

それから同心は着流しばかりでなく、御成先でも十手をさして歩いたものである。つまり十手が今で言えば警察官のしるしみたいになっていたので、長尺《ちょうじゃく》が二尺一寸、並尺が九寸、房は緋《ひ》房に限っていた。私なども稽古はしたが、大抵袋に入れて、それをまた懐中に入れていた。

御成先《おなりさき》着流し御免は、いかにも今泉翁のお考えが宜しかろうと存ぜられます。

御成先——将軍家の通過される場所へ着流しであるのみならず、十手を帯びていたので、明白に理由は知れます。捕うべき者があれば、何時ともいわず、直ちに押えるのが役目なのですから、なるほど礼装してはおられますまい。

それから「突き」ということは、翁の記憶ちがいのように思われます。そのことは「街談文々《がいだんぶんぶん》集要《しゅうよう》」、「聞之任」、「宝暦現来集」などに見えており、曳尾庵の「我衣」には殊に詳しく書いてありますが、蜀山人《しょくさんじん》に

やみにつき、月夜につきの出ざるは、
やりばなしなる浮世なりけり

という狂歌もあって、文化元年の暮から文政三年の冬までの間に「突き」の犯人が三、四回検挙されております。

この場合に突きという妙な犯罪が頻りにあった年代を考えるよりも、ここで手捕《てどら》えという言葉が注意されます。

本来、廻り方同心は、自分で召捕るべき筈であるのに、手捕えなどという言葉が耳立つわけでありまして、自分で捕えることのみでないから、特に手捕えといつて言いわける訳でもある。いかにも化政度（文化、文政）には、同心が自身は手を下さずに、小者を腮《あご》で使って縛らせたので、従って手捕えという別段な言葉が出来るわけであり、それがまた、別段な事柄にもなったのでしょう。しかし天明年間にもそうであったかどうか、それは肯われません。その頃までは正直に、

同心が手を下して縛ったものと思います。

今泉翁の談話

大体そのような風習であって、定廻りの家にはおのずから前にいった出入りという者がある。出入りの手先が何かいいものを持ってくれれば、褒美もやれば仕着もやる。酒も飲ませもするという風で、まあ廻り方同心の子分みたいなことになっている。どうしてこういう関係がつくかというと、これにはまた、親方があって、廻り方の方で手先が入用だと、親方の所へ、「役に立つ者はいないか」と言って行く。そうすると、「何々という者がいるからお使いになっていただきたい」というので、その者をよこす。こういうことを始終やっていたので、「豆圧などというのも、その親方の一人であった。豆圧は自分では料理茶屋をやっていたが、こういう親方は豆圧ばかりではない、いくらもあった。その結果として――。

例えば干物を盗まれたとか、着物一枚奪られたとかいう事件でも、商売を一日休んで番所へ出なければならない。どうも着物一枚位には替えられないというような時には、仕方がないから豆圧なり、豆圧の家へ行ってなり、そういう手先の親方に、無論、いくらか持って行って、「抜いてくれ」ということを頼む。その賊がつかまって、何所で盗んだという事があっても、それは抜いてしまう。

今日の巡査や警部でも、つまらん事で大勢引合いに出すのは下手なので、昔はなるべく事の拡がらないようにする。賊は一番重い罪に刑を加えればいいので、つまらん犯罪は抜いてしまって差支えない。その方が刑も軽くなるし、関係者も一々引出されなくてすむ。廻り方（同心）と手先、ないし手先の親分との関係には、こういうこともあったので、弊害といえば弊害であるが、私は存外弊害はすくなかったように思う。

この談話によって手先の親分が廻り方（同心）に手先を供給したことや、手先になるべき者を沢山子分にして置いていたことが知れます。

これで、相当詳しく目明しについては了解されたと思うが、本書を完璧にするために、信用のおける著書「江戸に就いての話」から目明しのくだりを抜粋してみよう。

御用聞

私どものことを世間では御用聞きとか、岡っ引とか手先とか勝手にいろいろの名を付けているようですが、御用聞きというのは、一種の敬語で、他からこっちをあがめていう時か、または、こっちが他を嚇《おどか》すときに用いる言葉で、表向きの呼び名は小者というんです。小者じゃ幅がきかねえから、御用聞きとか目明しとか言うんですが、世間では一般に岡ツ引と言っていました。で、与力には同心が四、五人ぐらいずつ付いている。同心の下には岡っ引が二、三人付いている、その岡っ引の下にはまた四、五人の手先が付いているという順序で、岡っ引も少し好い顔になると、一人で七、八人乃至《ないし》十人ぐらいの手先を使っていました。

町奉行から小者即ち岡っ引に渡してくれる給料は、一ヶ月に一分二朱というのが上の部で、悪いのになると一分ぐらいでした。いくら諸式のやすい時代でも一ケ月に一分や一分二朱じゃあやりきれません。おまけに五人も十人も手先を抱えていて、その手先の給料はどこからも一文だって出るんじゃありませんから、親分の岡っ引が何とか面倒を見てやらなけりゃならない。つまり最初から十露盤《そろばん》が取れないような無理な仕組に出来上っているんですから、自然そこにいろいろの弊害が起って来て、岡っ引とか手先とか言うと、とかく世間から蝮《まむし》扱いにされるような事になってしまったんです。

しかし大抵の岡っ引は、何か別に商売をやっていました。女房の名前で湯屋をやったり小料理屋をやったりしていましたよ。

そういうわけで、町奉行所から公然認められているのは少数の小者即ち岡っ引だけで、多数の手先は、岡っ引の手先となって働くにすぎない。したがって岡っ引と手先とは、自然親分、子分の関係をなして、手先は岡っ引の台所の飯を食っているのであった。勿論、手先の中にもなかなか立派な男があって、好い手先をもっていなければ親分の岡っ引も好い顔にはなれなかった。

それには上役の与力や同心からの貰いと内々でいろいろの事件の埒《らち》をあけたり、引合《ひきあ》いを抜くことなど、町家からの袖の下もあって、実際には仲々小ざっぱりとした暮しをしている。住いは八丁堀とは限らないで、それぞれ自分の縄張り内に住んでいた。

科人を見つけて、その場から追いかけるために、いつも五両の金を懐ろに用意していたと言われている。現行犯は別として、人を縛る場合は、同心から「御手当の事」と書いてある令状を貰って召捕りに向ったものである。

捕物も芝居でするように、いきなり「御用《ごよう》」とか、「神妙《しんみょう》にしろ」とかいって十手を振りあげるようなことはなかった。まず相手に対して、「おい、ちょっとそこまで来てくれ」といっておだやかに連れて行った。またそれで大抵は往生《おうじょう》してしまっていた。なかには短刀など振廻わして抵抗する者もあったが、その場合は、

「御用」とか「神妙にしろ」とかいっておどかしていた。

従って岡っ引にしても手先にしても、平常は普通の人と同じように着流しで、白足袋、草履、十手という拵えで、余程の大捕物でもない限りは、襷《たすき》、鉢巻、手甲《てっこう》、脚袢《きゃはん》などはつけない。こういう場合には棒とか刺又《さすまた》などを持ち出していた。それ程でない時は梯子《はしご》伏せにして召取っていたが、大抵は手捕りにしていた。呼び方は親分。

手先

岡ッ引きの子分である。町奉行からは何の給料も出ていない。親分の岡ッ引きからの貰いと、

大抵は湯屋とか小間物屋を出していた。

下ッ引

今でいう諜者のようなもんです。つまり手先の下をはたらく人間で、表向きは魚屋とか左官とか桶職とか、何かしら商売をもっていて、その商売の合い間に、何か種をあげてくるんです。これは蔭の人間ですから、決して捕物などには出ません。どこまでも堅気《かたぎ》のつもりで澄ましているんです。

岡ッ引の下には手先がいる。手先の下には下ッ引がいる。それがおたがいに絲を引いて、巧くやって行くことになっているんです。

目明しの生活

以上、諸書にあるように、岡ッ引とは、目明しというのも同様で、正式の職名からすれば小者というのが本当なのである。敬称して御用聞といった。目明しは、町同心で隠密廻り、定廻り臨時廻りを勤める者に属し、火附盗賊を密偵してこれが逮捕に当った。

即ち同心の下を働くもので、今の刑事のような者だが、それも同心が手札を渡してあるだけで、正式には奉行へも与力へも通っている者ではなかった。ただ、同心から幾人、と頭数《あたまかず》で奉行へ通じてあり、その人数だけの給金を奉行所から同心が受けて、それを岡ッ引へ分配した。その支給金なるものが驚くべき程の少額だった。

「半七捕物帳」（岡本綺堂《おかもときどう》）によると、「神田三河町、半七の家。ここは茶の間で、小綺麗に片づけられ、拭き込んだ長火鉢や、燈明《とうみょう》のかがやく神燈《しんとう》などがある。壁には子分等の名前をかきたる紙を貼りつけ、それにめいめいの十手がかけてある」と岡ッ引半七の生活を生き生きと描いてある。また同じ書には、

「一ケ月一分二朱（卅七銭五厘）というのが上の部で、悪いのは一分（二十五銭、一円の四分の一）位だった。おまけに岡ッ引は五人も十人も手先を使い、その面倒も見なければならぬから、最初から十露盤のとれないような無理な仕組に出来上っていた……」とある。

ところが「三田村鳶魚・江戸ばなし」（青蛙房刊）では「手先の給金は表向きは半季二朱（十二銭五厘）だった模様」とあり、これによると年に一分にしかならず、一箇月と一箇年との相違になる。しかし、「江戸雑話」によると、「これは表向きで、同心が幾人手先を使っているか奉行所ではわかっていないのだから」と、その間幾分の融通がついて、実収は一箇年一分以上だったであろうことを匂わせている。いずれにしても、大の男が自活し得るだけのものではない。ここで、気付かねばならぬのは、一方が岡ッ引で、他方が手先であることだ。そして岡ッ引の方は、その下に手先がいることになっている。

同心が自筆の手札を渡して置くまでのもので、その中に古参の者があって、それが大親分になり、多数の子分を持って居るのもあった。

大親分が子分の中から「旦那、何分お願い申します」と推選するのに、手札をくれて働かせて見る。それから巣立って立派な御用聞に成りすまし、沢山の子分を持つようにもなる。まだ手札を貰わない子分が、大親分の下で随分数多く働いている。だから廻り方（同心）は大親分の親分なのだ。大抵の奴は、何か商売を持っていた。料理屋だとか寄席だとかいうのが多い。そういう訳だから「旦那、今度鮨屋を始めます」とか「天麩羅屋を開業したい」とか言ってきて、二十両三十両の資本を出してやることは珍しくなかった。

「廻り方（同心）の宅には何時でも二人や三人は何ともつかない者が居て、拭掃除などをして下男のように働いていた。」とあるが、以上で岡ッ引の生活はわかるのである。一人前でない、即ち手札を貰えないものも手先なら、一人前の者も手先であり、それが岡ッ引でもあれば目明しでもあったのだ。

手札のあるのは正式に小者で、これが職名、役名であるから紛れはないが、俗称になると判然区別もなく、とにかく捕物に従事する刑事という意味に見てよい。ただ、享保年間に老中松平《まつだいら》乗邑《のりむら》が、目明しを禁じたので、その名称は、爾後一般に余り用いられず、町方では、岡ッ引が一番早わかりであり、奉行所の関係では、小者の外に、手先と呼ぶのが通例となっていたらしい。岡ッ引は、平素から大町人や資産家へ出入していた。その方からも時には付届けがあったらしく、また入用の際には纏《まと》ったものを貰ったという。廻り方といって与力・同心と共に町内を巡廻するのは大親分の方だが、これらは盛り場などから相当に多額のコンミッションがあった。

手下の一人前にならぬ者共も時々は盛り場から小遣いを貰ったり、賭場《とば》から目こぼし代をせしめたりしただろう。だから岡ッ引は一般の町民から強持《こわも》てはしたが親しまれず、彼らも努めて岡ッ引であることを表現するのを避けていた。

大正・昭和と探偵物ばやりに「何々捕物帳」といういろいろな髷物《まげもの》の探偵話が出来あがったが、それらから受ける感じでは、名探偵振りを自ら誇り、世間も推奨して「親分、親分」ともてはやされたかのようである。しかし、実際は嫌われ者の隊長が目明しだったことは、江戸文学のどの部分にも探偵物はなく、小説講談の類にしてからが、裁きものといわれる、裁判事件を取扱ったごく僅かに、顔を覗かしているに過ぎないのでもわかろう。彼らは一部の者以外は、その職業や身分を極めて非世間的なものにしていたのだ。

目明しは、毎日八丁堀の出入の同心の許へ落合うことになっていた。所属が出入の同心に決っていたようなものであった。特に他の同心の御用も勤めない訳ではなかったが、誰にも彼にもという次第ではなく、当今の警部と刑事との関係とは全然違っていた。

手札をくれた同心が他の掛りへ転じた場合は、それぞれ自分の気の合う同心へ出入した。手札は古い分がそのまま通用しているのである。目明しには定員などないから幾人位いたか一寸見当もつきかねるが、幕末には五百人からいたという。

以上で岡ッ引については、充分諒解《りようかい》出来たことと思う。目明しが今日の捕物帳の主人公のごとく善玉の二枚目でないことは想像され得るのである。

江戸の市中の治安、防犯等について実際には、映画・テレビ・大衆小説などで見聞するように単純に、八丁堀与力・同心・目明しだけでは、とうてい守り得なかったであろうと想像されよう。事実、八丁堀の同心や目明しの力では、犯罪の防止や検挙、逮捕も十分にはなされていなかったのである。

前述のごとく、江戸町奉行制度は、与力は吟味の任にあり、捕物は同心の職務とされていたが、南北両町奉行所に属していた百人余りの同心の中で盗賊係り、捕物専門の同心は、僅かに廻り方という十数名たらずであった。これでは如何にむっつり右門のごとき敏腕同心がおり、その配下に銭形《ぜにがた》平次や半七の如き名目明しがいたとしても、大江戸市中の犯罪を防止出来たものではない。まして盗賊中には、浪人者や武士くずれがおったのであるから。

町奉行としても、八丁堀に、それ程期待をかけていなかったであろうし、それだけの実績もあげていなかったのだろう。それゆえ、八丁堀同心が盗賊を逮捕した場合、異例な手柄として、加《か》増《ぞう》された。

では、実際に江戸の犯罪防止、探索、逮捕は、何者の手によってなされていたかといえば、八丁堀与力・同心・目明しとは別な専門制度があった。それは、即ち火附盗賊《ひつけとうぞく》改《あらため》役、俗称が加役《かやく》同心《どうしん》である。

この加役同心は、町奉行支配下でなく若年寄直属であった。というのは江戸城御門を守るお先《さき》手組《てぐみ》から選抜された者たちで兼務であり、加役であったからである。

さて次に火附盗賊改役、加役について述べることにする。これについては、徳川時代制度書として最高といわれている松平太郎著の「江戸時代制度の研究」から火附盗賊改のくだりを紹介することにしよう。

盗賊火附御改

火附盗賊改のこと

火《ひ》附《つけ》盗賊《どうぞく》改《あらため》は、市中を巡廻して火災を予防し、盗賊を逮捕し、博徒の考察を掌る。この職は初め盗賊改、火附改と分ち、盗賊改は、寛文五年十月初めて置かれた。先手頭《さきてがしら》の水野小左衛門守正が兼任した。

下って天和三年正月、火附改を設け、先手頭の中山勘解由《なかやまかげゆ》直守をしてこれを補佐せしめた。元禄十二年十二月、一度両職を廃し、これまで両職の管掌《かんしょう》せしところの類似の事件は、その後、寺社領は支配の寺社奉行《じしゃぶぎょう》、町方は町奉行《まちぶぎょう》、公領《くりょう》は代官より勘定奉行《かんじょうぶぎょう》、私領の時は地頭《じとう》より各その支配へ訴え出るべき旨を命じた。然るに元禄十五年四月になり、再び盗賊改を設置し、先手頭の徳山五兵衛重俊を以て任ぜしむ。ついで翌元禄十六年十一月に佐野与八郎政信に火附改を命じられ、宝永《ほうえい》六年三月に至って持頭《もちのかしら》中防長左衛門秀広をして盗賊火附両役の事を摂行《せっこう》せしめた。故に火附盗賊改とは幕府の職名の一つであるが、盗賊火附御改と俗称もされた。

享保三年十二月、これより以前、元禄十五年閏《うるう》八月に初めて先手頭赤井七郎兵衛正幸をして兼務させた博奕改《ばくちあらため》の職掌《しょくしょう》をも兼掌《けんしょう》させた。この職は後に先手頭の兼務するところとなり、毎年冬、即ち十月より三月に至る間、特に他の先手頭一人をして補助させた。これを加役と称し、もっぱらその職にあるを本役と称した。

世俗往々火附盗賊改を以て直ちに加役と称するの誤謬《ごびゅう》は、けだしこれから出たのであろう。加役は、時にこれを置き、或は置かず、万延《まんえん》元年三月二人役となる。翌三年五月に一人を罷《や》め、暫らく後任を置かなかったが、文久二年十二月遂に兼任の制度を廃し、専職とすることにして二人役となった。続いてその三年七月以降一人役となし、それで慶応《けいおう》二年八月廃職の時まで継続されたのである。この職は、本来は町奉行管轄の事守を執行するものであるが故に、非違の検挙や糾弾、科刑《かけい》の裁定、その他すべての規格は、みな町奉行所定む所に準ずべしとした。

担当区域

安永《あんえい》二年十一月、巡邏《じゅんら》地域の分担を定めた。日本橋以北以南の地を分ち、神田、浜町、矢の倉、浅草、下谷、本郷、谷中、駒込、巣鴨、大塚、雑司ケ谷、大久保及びその附近を一区とし、通町筋、八丁堀、鉄砲洲、築地、芝、三田、目黒、麻布、赤坂、青山、渋谷、麹町、深川、本所、番町ならびにその附近を一区とした。

そして神田橋外、一つ橋外、昌平橋外、上野、桜田用屋敷、書替所《かきかえじょ》、御厩《おうまや》ニケ所ならびに溜池より火消屋敷など普請小屋《ふしんごや》場の巡監は便宜上附近の管轄に委ねた。

爾来、二人役分担の区制は、おおむね、これを准拠《じゅんきよ》とした。されども途上強窃盗《ごうせつとう》、放火犯、博徒《ばくと》等に会すれば、制外の地といえども直ちに捕縛すべく、かつ頭《かしら》巡邏の時に逮捕せるは、これを御馬先《おうまさき》召捕といい、最も名誉とした。然るに後、弊習《へいしゆう》を生じ、配下があらじかめ逮捕したる刑徒《けいと》を、自身番に縛し置き、たまたま、その頭の巡視にあたりて、これを捕えたるものの如くに偽るものあるに至った。

犯人捜査

火附盗賊改は、犯人を捜査する時に目明しを用いて耳目となし（目明は時に弊害を生ぜしことあり、されば幕府は制令を下して時にこれを停禁した）或は軽科の囚徒《しゆうと》に旨《むね》を含めて、これを獄舎に置き、罪囚の素行を密偵させた。ときに巡衙にこれを伴い、その暗示によって犯人を捕うることあり、いわゆる、検非違使《けびいし》の放囚というのとその類を同じうした。火附盗賊改は、犯罪を検挙するや、素より地の何くなるを制せずといえども、特に令して懸縄《かけなわ》を禁ずる所あり、例えば上野山内、池の端、増上寺山内等の外に導き、初めて捕縄《ほじよう》をかけることにしていた。犯人の糾断は罪科の種類にしたがって、町奉行に移すものもある、多くはこれを自らし、管轄事務に関する訴願は、一切その役宅《やくたく》に於て受理した。

役宅は、天保《てんぽう》十四年の頃、清水門外（内藤伝十郎屋敷跡）にあり、その内に仮牢《かりろう》（諸小屋という）

白洲・長屋下腰かけ、内腰かけ、訴所等を設くること、奉行役宅と同じである。

与力・同心の数

火附盗賊改の配下の与力・同心事務を分当して、当職をたすく。その員数は、与力は五、六騎より十騎、同心は三十人より五十人を通則とし、与力五、六騎の時は同心三十人、与力十騎の時は同心五十人であった。だが、これは時と場合に依り必ずその通りではなかった。特に幕末多端《たたん》の時におよんでは、屢々《るる》これを改廃した。即ち万延《まんえん》元年三月、二人役の時は、与力十四騎、同心九十人を隷属せしめ、その内神奈川表御用として与力二騎、同心二十人宛を派遣した。

翌二年（一八六二年）府内取締のために与力十騎、同心五十人となし、補助の人員を四騎、二十人と定めたが、取締り不能の理由によって更に与力十四騎、同心九十人と改定した。

文久二年十二月再び二人役となせし時は、各与力十騎、同心五十人となし、かつ当分出役として各与力三騎、同心十人を附属した。

文久《ぶんきゅう》三年七月、火附盗賊改池田修理長発が京都町奉行に転ずるにおよんで、その配下の与力・同心を挙げて、これを他の一組に編入した。与力設くるところの分掌《ぶんしょう》は、

役所詰は、三人、二日勤め、一日休み、三番泊り。

召捕方《めしとり》廻方は、七人、手付同心七人、担当を定めて各巡廻す。

同心には雑物《ざつぶつ》掛、二人、隔日勤番、宿直《とのい》。書役、九人、六人ずつ詰切り、三人宛一日休み、三

番泊り。

頭附、三人、二人ずつ二日勤、一日休み、二夜泊り。

溜《ため》勘定掛、一人にして定宅たり、皆臨時の出仕とす。

差紙使《さしがみ》、九人、六人ずつ二日勤、一日休み、三番泊り。

届廻、六人にして、二日勤め、一日休み。以上の如く分掌を定めた。

雑物掛は、一さい雑品の保管と処分、過料《かりょう》取調及びその処分ならびにこれが簿帳の事をつかさどる。

溜勘定掛は、会計の掌務に服す。

届廻は、権門勢家《けんもんせいけ》その他依頼の家宅を日々分担して巡廻した。

召捕方、廻方の与力は、同心と共に平素は袴をも着することなく、着流しにてその巡察にあたったという。

廻方、俗にこれを先訊《さきたずね》といい、市中の人寄場《ひとよせば》に臨監《りんかん》し、或はまた広く関八州《かんはっしゅう》を巡行して、その考察の任に当る。

この職の者はことごとく毎歳大晦日には特に終夜を警察し、市内の保安にあたるを以て、本組の輩は、初日を高輪、深川等の辺ぴに迎え、帰宅するを常とした。従って火附盗賊改の年頭の賀正の登営《とえい》（登城《とじょう》）は、二日と定められていた。

火附盗賊改は、本役、加役共に初めは役料を給せず、享保四年以降、役扶持《やくぶち》四十口を給した。

主水の井

文久《ぶんきゅう》二年、専職となすにおよんで、役高《やくだか》千五百俵、役扶持六十口となす。翌三年七月、更に役扶持百口となせり、この職は布衣《ほい》にして、先手頭の上席に班し、初は若年寄の所管たりしが、後に老中の所属となし、持頭《もちのかしら》の上席に列る。多く遠国奉行《おんごくぶぎょう》、下三奉行《したさんぶぎょう》、持頭、西丸留守等に移る。

与力は、秩禄《ちつろく》二百石より現米《げんまい》八十石にして、享保四年二月以降、役扶持二十口を支給されたが、文久二年十二月に至り、更に十八人扶持を益増した。

同心は、三十俵二人扶持なりしを、同年同月以後は、役扶持三口を支給された。その廃せられた時は、頭は勤仕《きんし》並寄合《よりあい》、その配下は小筒組《こづつぐみ》に編入した。

火附盗賊改は、町奉行についで市民の上に威権あり、この職にあって英才の誉れ高かったのは、長谷川平蔵《はせがわへいぞう》宣以、中山勘解由《なかやまかげゆ》直守（後に大目付に栄進、丹波守になる）太田運八郎資経（後の山田奉行、志摩守）。そして、元警視総監《けいしそうかん》岡喜七郎（民権家として知られたる、前報知新聞主筆岡敬孝の義子《ぎし》）は、この組同心の家系に出た人である。

松平太郎は法学士なので、法規的というか、制度についての要点をとらえ、完璧であると思うが、あまりに潤いがなく、その説明解釈にもムードがなさすぎるので、これを補うために、かって大衆作家の著作について、時代考証その他の誤謬を峻烈に、指摘された三田村鳶魚翁の、著書より火附盗賊改に関しての解説を見ることにしよう。まったく重復するくだりもあるが。

本役・加役・増役

語呂がいいので、火附盗賊改と言って居り御先手が加役に勤めるということから、加役と俗称されていますが、武鑑《ぶかん》には盗賊火附御改と書いてあります。

この役は何時はじまったかわかりませんが、慶応二年八月四日にこの役が廃せられました。その最後の当役は戸田与左衛門という人で、同年の武鑑にその名をとどめて、それでおしまいになっている。これがはじめて役宅に住った人で、また最後に役宅に住った人でもあります。

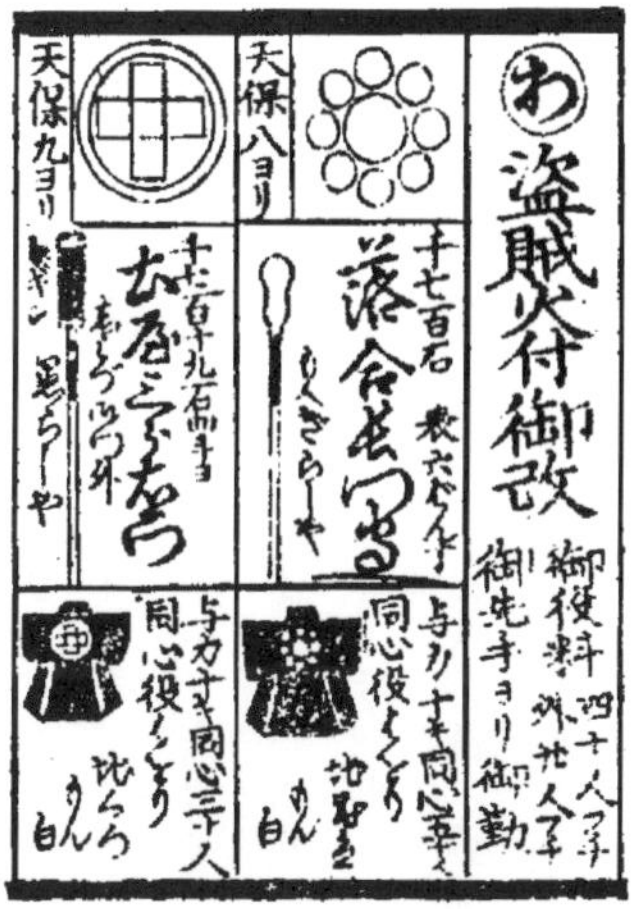

火付盗賊改（袖玉武鑑より）

もと御先手の者に命じて、随時に市の内外の警備に当らせたことから、はじまった役柄らしいのですが、代々記を見ましても、古いところの事は一向に書いてありません。最初に書いてありますのは、寛文年間に水野小左衛門、岡野内蔵助、筧新兵衛、この三人の名前が出て居ります。

以後勤めた者を、定役《じょうやく》、又は本役と言ってました。加役というのは天和《てんな》の中山勘解由からはじまったことで、増《まし》役の方は享保の高田忠左衛門以来ということになっております。増役は臨時廻りという称もありまして、全く臨時のものですから、増役のあることもあれば、無いこともあるわけで、人数も従がってきまりがありません。天明《てんめい》七年のぶちこわしの時などは、五月廿三日から六月十八日までの間、御先手の中から十人だけ、増役ということになって勤めておった。

嘉永《かえい》六年に黒船入港の際には、六月九日から十六日まで、二人の増役が出ています。その翌年にまた黒船が参りました時には、正月二十八日から二月五日まで、十人の増役が出ております。

火附盗賊御改は、最初は火附改、盗賊改といって二つに分れており、それぞれ一人ずつの役柄でありましたが、それが元禄年間になりまして、博奕《ばくち》改《あらため》というのが一つふえて、丁度分科が三つになりました。

享保三年の十二月、山川安左衛門という人が御役の時に、三科打込《うちこみ》にして、兼帯《けんたい》で勤めることになりました。それから享保十年十二月に、進喜太郎が御役の時に、博奕改は町奉行の掛りになりまして、また一科目減りました。（博徒を町人と見なしたのであろう）

この享保十年から文久元年までの間は、従来は二人勤めであったのが、一人勤めということになり、そうして文久二年十二月に、土方八十郎という人のお役の時に、御目付《おめつけ》の大久保雄之助が任命されまして、享保以来一人勤めであったものが、また定役二人になった。この時に火附盗賊改という役名になって、役高千五百石、布衣ということになりました。布衣というと六位相当で、御先手の上座《じょうざ》、若年寄支配ということになって、役名がきまり、役高がきまり、格式がきまったのであります。

それまではどうであったかというと、御先手頭の格式で勤めていたので、火附盗賊改の格式というものは別に無かった。それでは御先手頭の格式はどうかというと、今きめられた火附盗賊改の格式とちがっていない。ただこの時に火附盗賊改の格式が公認されたのです。それと御先手からきて勤めるので、加役ということだったのですが、今度はそうでなく、御目付から任命されるということが、従来と変っているところなのです。

文久三年八月に、佐久間鐇五郎が御役になって、これからまた一人勤めということになりましたが、組下は前の土方、大久保両人の組下をそのままということで、与力二十騎、同心百人、従来は六十人扶持だったのが、この時から百人扶持となり、老中支配ということになった。その年の九月には、大久保雄之助が再勤することになり、その時、格式をあげて諸太夫《しょだいぶ》ということになった。諸大夫は五位相当ですから、位が一格あがったわけです。

この時はじめて火附盗賊御改の役宅ができることになったので、これまでは役宅はなく、めいめいの屋敷を役宅に使って居ったのです。（このために屋敷に白洲も仮牢も用意されていた）文政《ぶんせい》元年に加役同心の記録した「獄秘録」というのがあります。囚人中の役付が牢内で新入に言い聞かせる言葉がいろいろ書いてありますが、その中に「御役所への道筋」というので、役宅のなかった時分の様子が知れます。

御役所をさってもふつき、大牢出るがいなや、前は塩町白銀町、色観音を横に見て、いせにはあらねどお玉ケ池を通りぬけ、帯は〆ねど小柳町、うぬがこんじよう（根性）筋かい御門、ここに一つの名所あり、さつても広き八辻が原を通りぬけ、亀井片岡いせ駿河台のまつ角屋敷、御役所は丸に三ツ星とってもとっても御慈悲の深い、鬼も恐るる渡辺孫左衛門様と申上ろ。

この渡辺孫左衛門は、文化《ぶんか》十三年七月から、文政《ぶんせい》元年十月まで、本役を勤めた人で、その屋敷が駿河台にあった。自邸を役宅にしていた頃は、この渡辺に限らず皆同様なのであります。

伝馬町の囚獄へは寺社奉行からも、町奉行からも、勘定奉行からも、火附盗賊御改からも囚人を入れましたが、これは伝馬町の囚獄から、火附盗賊御改の役所（即ち自邸）までの道順を教えたもので、調べの度毎に伝馬町から引出して、自邸で吟味したのであります。

その仕きたりを改めて、四谷御門内、水野出羽守の上地三千五百九坪余を下付されて、そのうち千七百坪だけを役宅に拵《こしら》えまして、元治《げんじ》元年二月に出来あがりました。次いで東土蔵一棟が、慶応元年六月に落成したが、大久保雄之助は、元治元年十二月に転役したので、この役宅には住いませんでした。

この新築役宅に住ったのは、前記の通り、戸田与左衛門が最初の最後なのであります。

加役は乞食芝居

初期はどういう風か判りませんが、いずれにしても市内を巡邏するのが仕事であったのが、天保以後の頃になりますと訴《うったえじょ》所があって、詮議方という者が居ました。

これは与力と同心とで持っているのです。

それから召捕方があって、これは同心が専らやった。町奉行所と違いまして、訴所はありましても民事は無い。皆、刑事ですから、仕事は一方づいて片づきが順速です。その代り仕事の幅が広いので、江戸市中のみならず、江戸廻り——その他御料《ごりよう》のところに起った事件は取扱うことになっておりました。

江戸の者は、町奉行や勘定奉行は桧舞台《ひのきぶたい》、加役は乞食芝居《こじきしばい》、と言っていました。（乞食芝居とは小屋（劇場）でなく仮設小屋の芝居です、俗に緞帳《どんちょう》芝居とも申しました。両国火除地の如き所の仮設小屋は、幕、引幕は許可されておらず、一枚限りの緞帳だけで、これから緞帳芝居という言葉がありました、それから言えば今日の劇場は皆、緞帳ですから乞食芝居です、東京で大劇場が洋風の影響を受けて緞帳を使用するようになったのは、帝国劇場、有楽座からであったようだ）町奉行の白洲は勿論、勘定奉行にも公事方《くじかた》がありまして、民事刑事共に白洲があるのですが、その方は万事きちんとしていて、堂々たるものでしたが、加役の方は専ら刑事ばかりというう ちも、無宿者《むしゆくもの》を扱うので、すべての遣口《やりくち》が荒っぽくてぞんざいですから、乞食芝居と申したのであります。

現に火附盗賊改という役名にしても、いつまでも定らなかったぐらいで、従ってその役向についての事も、寛政《かんせい》七、八年に定役を勤めた森山源五郎の書いたものを見ますと、古い御仕置《おしおき》伺帳ただ一冊が、引継ぎ書類になっていただけで、勤め方の控もなければ代々記もない、どういう風に仕きたっていたかも判らぬような有様である、ということがある位で、頗《すこぶ》るきまりが悪いのです。

それもその筈で、この役は制度とか、法律とかいう方の向には出来あがっていない。火附盗賊御改に一番名高い人が大勢いたのは、綱吉《つなよし》将軍の時ですが、その人達は、いずれも御先手の中の腕っこきで、評判者の中から選みすぐった人達である。

荒武者揃い

それは久永源兵衛であり、中山勘解由であり、久貝忠左衛門でありますとか、特にこういう人間を擢んでて任命したのでありまして、この人達は荒武者という評判の人ですが、その心持、風《ふう》尚《しょう》には一種面白いところがある。如何にも法を三章に約すと言った調子合いのところがあって、後々のためのこまかい、こせこせした法文などでは、どうしても出てこぬ味わいを持っているのです。

久貝の如きは、自分の組下《くみした》から、当時御法度《ごはっと》（禁制）になっていた六方者《ろっぽうもの》――博奕を打ってあばれ歩く者――が出て検挙された。それを聞いて、自分は御役《おやく》を勤めていながら、組下にそういう者が出ては相済まぬ、と言ッて憤死してしまった、という位の男です。そういう激烈なだけの男かと思うと、これはまた、なかなかの数寄者《すきもの》でありまして、不断八畳の座敷に居って、その居間は仕切ると長四畳になる。その仕切の襖に、狩野養朴《かのうようぼく》に八景の図を描かせた。それもただ画を描かせたのでなく、その襖《ふすま》をどういう風に引立てても、引違えても、八景がちぎれちぎれにならぬように描かした。こういう事もするのです。

また、或る時は、御客を大勢しましたところが、久貝の庭には信斎松というなかなか名高い十三蓋の松があった。この松は淀の城主でありました永井信濃守尚政入道が寵愛したもので、尚政は晩年信斎と号したところから、信斎松と申したのを自分の庭へ移植したのです、これは当時としては容易ならぬ物好みで、久貝はそういう事もした。

さて、お客の一人が、信斎松を眺めて、「これは十三蓋だが、もう一蓋減らしたら、さぞいい眺めになるだろう」と言って評判したのを亭主の久貝が聞きまして、如何にも十二蓋にしたならば、よく眺められよう、言うかと思うと、すぐ家来に言付けて、上の一蓋を切取ってしまった。

丁度、夜半であったのに、時を移さず切らせたのです。

中山勘解由に就ても、逸話は豊富だ。酷吏《こくり》であるからかえってよくおさまりがついたのだ、と言って褒められてもおります。勘解由は元来なかなかの仏者《ぶつしゃ》でありました。

彼が、六方男立《おとこだて》のあばれ者共を鎮撫《ちんぶ》する命を受けた時分に、すぐに仏壇をぶち壊して、今日からはもう慈悲では治らない、というので、少しでも風体《ふうてい》の変な者は、取っつかまえて詮議もせずに斬ってしまった。

それですから例の旗本奴《はたもとやっこ》、町奴《まちやっこ》の検挙を二度ほどやりまして、首尾よく鎮静させることが出来たといわれております。その苛酷な、向う見ずな中山勘解由の話として、「二人八左衛門」という話が伝わっております。

これは六方者の中に、ひどいあばれ者だという向溝八左衛門というのがいて、此奴を押えたところが、外に同姓同名の者がまだあるというものですから、捕えた奴を処分せずに入牢させておいて、まだ捕えない方が本物か、既に捕えた方が本物か、調べようとした。

そうすると一度は隠れていた奴が、

「私がお尋ねの向溝八左衛門でございます、私ゆえ他人に牢舎の苦しみをさせるという事になりましては、どうも辛抱出来ませんから逃げて逃げられぬことはありませんけれども、他人に迷惑をかけるわけには参りません」と言って自首して出てきた。そうして、「この上は、速《すみや》かに先にお捕えになりました者を御放免を願いたい」と申立を致しましたから、勘解由が、両人を対質させて見た。前に捕えた奴の方は、「私の方がお尋ねの八左衛門に相違ございません、只今までは何とかして、言逃れることが出来るならば言逃れようと思いましたので、かれこれ陳《ちん》じておりましたが、私に同情して名乗って出る者があります上は、そういう者を罪に落して、身代りで助かるなどということは、本意でありません」と言うて、二人とも互いに自分が本物だと言って譲らない。

それを勘解由がつくづくと聞いておりまして、「今まで聞込んでいるところによれば、旧悪ゆるし難きものがあるが、只今、両人が義を立てて堅く守っているところを見ると、それほど義の堅い者ならば、今後、悪事をしようとは思われない、両人ともその心をいつまでも持っていて貰いたい。何分向後を慎んで暮すがいい」

と二人とも放してしまった。

ろくに詮議もせずに、人を斬ってしまうような勘解由が、この向溝八左衛門に対して、どっちが本物ということもきめず、二人が本当に罪を争うのを聞いて、直に放してしまった心持というものは、なかなかの人物のようです。

そのようなわけで、大体荒者《あらもの》の多い火附盗賊改の中に、また随分変った人もありました。寛永《かんえい》二年六月六日から就任して同五年四月に勘定奉行に栄転した平岩若狭守の裁判ぶりというものは、中山勘解由や久貝忠左衛門とは大分違って、まことに治った時世に相応した遣り方でした。平岩は元、禁裡付でありましたから、所司代の松平紀伊守とも懇意《こんい》だったので紀伊守が、

「江戸表《えどおもて》の御役は段々御苦労に存ずるが、何分江戸は京都と違って人間が多いから、罪人も多いことであろうし、従って死罪になる者も多いであろう」と言って尋ねられますと、

「如何にも仰せの如く、江戸は人数も多く、従って罪人も多うございますが、死罪になる者は存外少うございます」

「それはまた結構なことであるが、死刑をきめるにはどういう仕方をなさるのか」

「御大法《たいほう》の通りでありますから、別段致しようもございませんが、私は、先ず三奉行に相談を遂げます、そうして罪をきめるのみならず、いよいよ死刑にきまった者は、更にその前日に呼出して、今度、お前の犯した罪は、どうしても死罪を免れ難いものであるが、今まで申述べた外に、まだ何か申開《もうしひら》く筋がありはせぬか、その辺のところを充分考えて申立てる様にしろ、百に一つ

も申開く事があれば、また、取計らい方もあろうから、と言って聞かせます。そうして同じ事をもう一度念のために申聞かせて、申立を聞いてみますが、どうしても罪を減ずべき事が無い場合に、この上は、是非もないから覚悟するがいい、成敗《せいばい》しなければならぬ、と言う事を初めて申渡します。そういう風に致しますと、囚人の方でも如何にも仰せの趣は得心致しました、今更、何とも恐入りました次第でございます、まことに御尤も至極でありますから、死罪になりましても、さらさら存じ寄りはございません、と言って有難く処分を受ますする、先ずこの様に致しておりまする」ということでありました。この扱いを見ましても、被告の利益になることをあまさず言わせる方法を取ったのでその上に従前の火附盗賊改と違って、自分だけで罪を決定せずに、三奉行（勘定奉行、寺社奉行、町奉行）に相談して、無理のない処分をしている。後来《こうらい》、火附盗賊改が、刑罰を専断《せんだん》しないという例は、この平岩若狭守あたりから始まったものではないかと思われる。

法律の欠陥あり

何にしても、細々こせこせと法律的に完成してない御役でありまして、軍政の名残をとどめたものですから、だんだん世の中が治ってきて制度も整ってくれば、法律も綿密になるにつれて、従来の遣り方そのままにやったのでは、失敗が出来やすい。

これは、世の中の有様が変って行く事と、法律の欠陥から起る事であって、その失策の先頭に出て参りますのは、定役の方ではなく、加役の方でありました。この御役を勤めました者は、定役が延人員にして百十七人、その内で罰せられた者が八人ある。加役の方は百三十五人ありまして、その中で三人罰せられています。

増役は五十二人で、一人も処罰された者はありません。これは事件を扱うことがないから、自然と処分されることもはないわけであります。

この失策の第一番に出てくるのが、加役の中根主税という人です、中根は元禄十二年閏《うるう》正月二十日に八丈島へ流された。火附盗賊改の三役を通じて、これほどの重罪を受けた者はなかった。この罪状は、どういう事であったか、詳しい事は判りませんが、遊女屋に対して闕所《けっしょ》処分をする時に、その所有財産を売払って、その金は幕府の御金蔵へ納める定式なのですが、中根は、その家の遊女共を売って金にして、その分も御蔵へ納めた。それが科条《かじょう》になっております。

時の将軍綱吉《つなよし》という人は、江戸時代に一番多く法律を作った、法律将軍といってもいい人だけに、闕所処分をするについて、遊女を動産不動産と同視して、売払って金にしたというのが、大変不都合であるとして、処断したようです。加役を罪人にするというのは従来なかったので、それをするのがすでに突飛な事ですが、それよりもこのような重い処分を中根主税に加えるということが、随分思いきった話である。この綱吉将軍の極度の処分は、江戸時代の法律を研究する上からも、大いに注意すべき事柄と思います。

（編者の私見によれば、封建的時代と蔑視された徳川期でも、役人が犯した誤ちに対して峻厳であった事は、何か考えさせられる。今日、政府役人代議士が、法すれすれの悪事をしながらデンとして恥じずノサバッている事から思うと、何か徳川封建時代の方が今日より政治的には遙かに清潔であったようである)。

それから後は加役は、専ら無宿者のみを取扱うようになっています。火附盗賊御改は、何も無宿者専門ではなかったのですが、ただ武士は、それぞれ支配頭があり、町人であれば町奉行、百姓なれば勘定奉行と支配がきまっているので、残るのは遺場のない無宿者ということになったのであります。それも中山勘解由の例などを見ますと、武士も町人も無宿者も、皆一緒に処分して居りますし、現にこの遊女屋の処分なども、年々でありましたならば、町奉行に渡すべきでありましたろう。

その次に処分を受けたのは、やはり加役の船越五郎左衛門という人であります。これは享保二年五月に免職になりましたが、本案は罪を論ぜずという事になりまして、十一月に定役の方に替りました。一度免職されたというだけですから、処分としては軽い方ですけれども、この軽い処分を受けた事件というものは、まだ、いろいろな関係のあることで、法律の不備をよく現している話であります。

このことは新井白石《あらいはくせき》が「折焚く柴の記《おりたくしばのき》」にややくわしく書いております。その事柄が後の方で役に立ちますから書いておくことにいたします。

折焚く柴の記

船越が免職処分を受けたのは、正徳《しょうとく》五年十月に、越後国蒲原郡《えちごのくにかんばらごおり》安代、戸口両村の境に野原があって、その原の中に同類を大変大勢持った大泥坊がいるということを、三州立石村の嘉右衛門、武州妻沼《ぶしゅうめぬま》村の七郎右衛門の両名から訴えがありました。そこでこの両人を案内として、組同心の松野市兵衛、田沢勘太夫という者を遣《よこ》しまして、その月の九日に、盗人の親方である五右衛門と、その子の伊右衛門と、手下五人を召捕りました。

それから逮捕した四人を、安代村――これは小浜孫三郎の知行所ですが、ここへ預けようとすると、自分の方の住民でないから預らないと言う。戸口村の方は新発田《しばた》の溝口伯耆守の領分ですが、やはり自分の村の者でないから預らないという。

盗賊五右衛門の住居は、この両村の境にあるので、宅地三反ほどあって戸口村に近い方にある。けれどもおれの方の分でない、というので、両方の村方が譲り合って、その犯人を預らない。仕方がありませんから、御料所《ごりょうしょ》へ預ける方がよかろう、と言う事になりました。そこは茅原の御代官所《だいかんしょ》でありまして、能勢権兵衛という人の陣屋《じんや》でありましたが、頼みますと、

「両村で預からぬものを、無関係な所にある当代官所で預るわけにはゆかぬ」

と断わられて、召捕った同心二人は、ひどく困って、江戸へどの位あるか、距離の近い方へ預

けよう、というので聞いて見ると、そこから新発田へは八九里あって、江戸へは百里余りある。出雲崎《いずもざき》は亀田三郎兵衛の代官所で、そこへは六七里あって、江戸まで八十里余りだから、この方が近い。とにかくそこへ行った方がよいと、出雲崎まで連行して、預かって貰おうとすると、盗賊を捕えた時に、その村方《むらかた》へ預けるのは昔からのきまりである、そのきまりに外れて預かる事は出来ない、といって受取らない。

松野、田沢の両人は、こうして彼方《かなた》へ行き、此方《こなた》へ行きしているうちに、路用《ろよう》はなくなってしまうし、途中に鉢崎《はっさき》の関所というのがあって、そこを越えるには証文が無くて、囚人を連れて通る事が出来ないので、一旦捕えた五右衛門以下を放還《ほうかん》して、自分達だけ江戸へ帰り、その趣を頭の船越へ報告致しました。

それから十一月朔日《さくじつ》になって、再び前の同心二人を越後へやる事になり、今度は新発田藩へも幕府から命令があった。両人は、廿七日に到着致しまして、五右衛門親子外三人を捕え、今度は新発田へ預けた。なおその余の者も捕えて、溝口の手で警護して、江戸まで引張ってきましたので、船越の手で吟味して、勘定奉行へ引渡しました。

勘定奉行の白洲で吟味すると、五右衛門は茅原村の百姓平三郎の子で、幼年にして孤児となり、母方に引取られ世話を受け、方々転々して奉公などして成人した者で、それから農業に従事しまして、十二年ほど前に安代、戸口両村へ頼んで地面を分けて貰い、そこで耕作をしていたので、両村の者は五右衛門を村の番太《ばんた》にしました。

近辺の者一戸に就て、毎年米一斗二升、大豆若干ずつをくれて、泥坊なんぞの防ぎ方を頼んでいた。それは五右衛門が、現住所へ落着く前、二年ほど何所へも寄りつく所がなくて、盗賊の群に投じていたので、自然その仲間に心易い者がいるので、自分の住っている所を荒してくれるな、と盗賊と約束して、不埒《ふらち》な奴が来たら防ぐようにしていた。そのために両村には久しく盗難がない位になった。

「それですから私の家に刀劔などのありますのは、不埒者が来た際の防ぎのためで、大勢いろいろな者がおりますのも、何所に身を寄せる所のない者を養いまして、昼は田畠を作らせ、夜は村々を巡回して警備をさせる、自分は村方から米や大豆を貰いまして、また自分で働きも致しますから、泥坊などをしないでも、何も不自由なことはありません」という申立をした。それなら何故、船越の役所で強盗殺人をやった旨を白状したか、と尋ねると、

「何分拷問《ごうもん》がひどいのでどうせ仕方がないから、早く苦を逃れようと思い、心にもない事を申立てたのでございます。村方に就て御調べ下さいますれば、本当の事がおわかりになりましょう。自分が盗みをしたというのは全く誣告《ぶこく》であります」

という答でありましたので、村方の方へ照会して見ると、安代、戸口の外、新発田領十三箇村から、村の警戒を依頼するという書付《かきつけ》、宝永《ほうえい》四年八月二十三日付のものを提出した。なお新発田領の大庄屋からも、「五右衛門が当地に住っているために、強盗とか殺人とかいう事件が大いに減じたこと、そういう事件が起った時に、いろいろと取鎮《とりしず》めたり、取押えたりした功績がござい

ました」という申立てがありました。そこで何しろ十二年間もその近辺の村を穏かにしたという功績は見捨て難いから、たとえ以前は盗賊の群にいたという旧悪があるにしても、これは宥免《ゆうめん》したらよかろう、また船越の同心が一旦捕えた五左衛門を放還して、自分達だけ江戸へ帰ったのも、誠に余儀ない取計いであるし、殊に二度目に相違なく前の通り逮捕した事は、老巧《ろうこう》の仕方であるから、その適宜の処分を賞美すべきである、というので、罪を論ぜぬ事になったのです。

この話を読んで見ますと、当時の法規の不満であったこと、村々の番太というものが、如何な風であったかということも考えられる。村によっては番太も大親分で、手下を使って手広くやってもいるし、近辺の者共から給与を受けて、相当に暮してゆけるものだということもわかります。のみならず火附盗賊御改の詮議というものが、こういう並々でない人間にとっても、辛抱できない程に荒々しいひどいものであったということも、やはりこの話で判ると思います。

しかもこれくらいのことでは、まだ処分されないとすると、処分された火附盗賊御改の者は、何程のことをしたか、想像にあまりある次第であります。

その次に起ったのが、定役の山川安左衛門、これは享保十年十二月九日に、役を取上げられた上、差控《さしひかえ》を命ぜられております。

この人は無宿伝兵衛という者の火付を捕違えた一件で処分されたので、般若面《はんにゃづら》の源七らに欺かれたのです。つまり悪目明しに誤られたのですが、その時に山川の組下の者が賄賂を取ったということがある。これは鬼子儀兵衛という者があって、いろいろな名義で金を奪ってきまして、山川の組下の者が巡回に出る先で、御馳走したり、金をくれたり、吉原辺へ行った時には、遊女を揚げて遊ばせたりした。

このようなことが暴露したので、組頭の山川に先立って、十月九日に配下の与力菅谷忠次郎、同平太夫、同心椎名嘉右衛門、土屋半助、清水平内、福本新八、飯田林右衛門、それから鬼子儀兵衛、これだけの者が死罪になり、同心田村団四郎、糸賀三右衛門の両名は遠嶋《おんとう》の処分を受けております。

それから加役の飯田惣左衛門は、享保十一年二月二十三日に閉門《へいもん》処分を受けた。これは丁度、山川と同じことで、火付といって捕えた長吉という者が、無実であったためなのです。

定役の細井金右衛門は、明和《めいわ》四年九月十六日に逼塞《ひっそく》を命じられた。これも無宿者源助を、火付の捕違いをしたための処分です。

定役の遠藤源五郎も明和四年九月十日に差控を命ぜられている。これは委《くわ》しい事はわかりませんが、囚人を赦免《しゃめん》する事について、手違いを生じた処分のようである。

定役の永田与右衛門、これは文政《ぶんせい》十一年十一月二十二日に、百一日の差控を命ぜられた。罪の無い者を大勢縛った、召捕方がそこつであるというので処分されたのであります。

先ずこういったようなことがあったが、まだこの後に、いい方と悪い方とについて、種々の話があるから、それを後述する。

このように、与力や同心たちの誤りに対しては、武家政治時代は、その誤ちをした官吏が処罰されているが、明治期以後現代になると、種々のデッチあげ事件や、松川事件《まつかわじけん》、三鷹《みたか》事件、八海《やかい》事件などに対する、処理の決定解決が実に一方的片手落ちであって、封建制度以上に官僚の横暴が示されており、今後の日本司法、支配者、権力階級のあり方については杞憂《きゆう》を抱かずにはいられないのである。

木製の十手

別所孫右衛門という人がいる。これは元文《げんぶん》三、四年の頃に勤めた人で、荒っぽくない方でありました。

火附盗賊御改という者は、頭も与力も同心も、皆、十手を所持していますが、この孫右衛門は登城して、躑躅《つつじ》の間《ま》の控所《ひかえじょ》に刀と十手を置いて、ちょっと他の席へ出ていた時に、丁度、老中の土岐丹後守が、そこを通って、時計《とけい》の間《ま》の方へ行かれる時に、これを見て、坊主衆を呼んで、

「あすこに十手があるが、誰のだ」と訊かれた。

「あれはお役を勤めております別所孫右衛門殿の十手でございます」

「ああそうか、火附盗賊改を勤める者は、なるほど十手は離せまい、あの十手を見たいから、ちょっと持ってこい」と言われた。御坊主が持ってきたのを、土岐丹後守が、手に取って見ると、

鉄製ではなく、卯木《うつぎ》で拵えた棒を黒塗にしたものでした。土岐丹後守も大いに感心されて、如何にも心のついたことである、孫右衛門は実に感心な人物である、表を厳重に見せているけれども、内は柔和でなければならぬという心持で、木造りの作の十手を持っているとは頼もしい男である」といって賞翫《しょうがん》された。

これは、その通りで、勤向も厳重であるが、当りが荒いなんていうことは更にない。この人も罪人を多くするのに骨を折るような流儀ではなかったのです。

享保年間に入りますと、火附盗賊改の職分に何も変ったところはないが、人物は大分前と違って来る。世間の評判もそうで、以前にはどしどし片のつくのを喜んだのですが、今度はそうでなしに、進喜太郎とか、別所孫右衛門のような人物が評判がよくなってきたのであります。

菓子袋で出入止

享保十五年から十七年まで勤めた向井兵庫という人は、大変親孝行で、母の気に入りに老僕《ろうぼく》の八右衛門という律義者《りちぎもの》がありましたが、或る時向井の母親が、屋敷の向うに八右衛門が腰掛茶屋《こしかけぢゃや》を拵えたいと願い出たから、差支《さしつかえ》なければ許してやってくれといわれた。そこで向井は、「お役を承わって以来、願届等のためにいろいろな人が屋敷へ来る。門前へ一箇所ぐらい腰掛茶屋を許しても差支ない、殊に長年忠実に勤めた八右衛門の願いならば」と許した。そこでその趣を、向井の老母から八右衛門に伝えますと、早速八右衛門の女房が、「お礼でございます」と菓子袋を持参した。それを兵庫が知りまして、「八右衛門から菓子袋を差上げたそうですが、私から代りの菓子を差上げますから、御下げを願いたい」と言って自分の方へ貰った。

それから早速に八右衛門を呼び寄せて、「お前は年来奉公ぶりよろしく殊に母人《ははびと》からのお言葉添えもあるゆえ、門前へ掛茶屋を許すつもりであったが、今日我が母に対して追従《ついしょう》する事を認めた。これはいささかな物ではあるが、面白からぬ事だと思うから、只今、持参の菓子袋を差戻すそして私が御役を勤めている間は、お前の出入を差止める、腰掛茶屋の許可も許すつもりでいたが、許さぬ」と言い渡した。八右衛門は驚いて、すぐ母堂のところへ行って、とりなしを歎願したので老母が、向井に対しとりなしますと、

「何様にも許しがたき処でありますが、まだ掛茶屋を許可するだけで、母上に対して追従がましい事を致すようでありましては、今後その店が繁昌致すにつけ、また長いこと屋敷に勤めていた八右衛門であるだけに、何様の事をしでかしてくるかわかりません、それが気がかりゆえ差止めました。私がお役を罷めました上は、従前通りでよろしうございますが、御役中は出入を差止めます」と申しました。

こういうことをやるにしても、荒っぽくなく、しかも綿密に行われるという人が、享保度には評判がいいことになったのです。

この向井兵庫の下にいた与力の依田佐介などは常に同輩に向って、「見廻りに出て見ると、どれが盗賊かということは、明白にわかるものであるが、それを皆、捕えれば限りもない数にな

る。盗賊と言っても、困窮のあまりするような泥坊は、今日の時勢からいうと、それを、一々くくし上げていっては、今日の下々の者は皆縛らなければならぬかも知れない。それゆえ特別にひどい、悪い奴だけ捕えて、その余は見逃しておく方がいい」というのです。

畢竟《ひっきょう》役人の評判が変り、採用される人物が変ってきたというのも、享保《きょうほう》という時世に引張れてのことであります。前に評判のよかった人がきっと評判が良いのでない、ということから考えて、時世の変ったのが判る。享保になりますと法律の世の中であるけれども、法規法令の通り、綿密にのみはやれぬ時である。余りそれに拘わってのみもいられない。強くもやれなければ、弱くもやれない。あまり大まかにもやれない。法律はだんだんくわしくなっておりますが、その執《しっ》行《こう》にも、手加減がいる世の中になって来たのです。

天保《てんぽう》年間の人間――私などが、昔話を聞いた老輩は、よく「公の御沙汰」と申しました。罪があっても罰しない、あやまちがあっても咎めないことを「公」と心得ていたでようす、或は寛大を通り越して放漫になったのも「公」と言っておりました。ただ大国を治めるのは、小鮮を煮るが如しで、コセコセと魚箸をつかっていれば、小魚などは頭も尻尾も肉も骨もゴチャゴチャになってしまう。なるべく手をつけずに煮あげるのがよろしいと聞かされたものです。

この老輩たちは、幕末の政治に感服しない事を、よく申しておりましたが、これは寛政以来綿密というか、精緻《せいち》と申すか、よく行届くというか、大綱《たいこう》よりも細目《さいもく》についてきびしくなって参りました。殊に天保年間の水野越前守などは、探偵づくしで病的な神経過敏になっておりましたから、老輩たちは、その祖父の時世を振返って、目で見ぬ昔の政治が懐かしかったらしく、その懐かしがられた時世は、享保・元文《げんぶん》の時代であった。その頃はだんだんと法律が出揃いまして、世の中の筋道が立って参りました。しかし新法律の世の中になっても、紛々《ふんぷん》たる条規になずまない人心に対しては、因循《いんじゅん》を楽しんで改作を重んず、という事もあります。

荻生徂徠《おぎゅうそらい》の「太平策《たいへいさく》」にも、「なまじひのことをせむよりは、老子の道を行い、文帝の治め、聖人の次なりと知るべし」と言ってもございます。

まだ慣れもせず親しみもない庶民に、今は整頓したからと言って、急に法規を以て臨むというような事では、吏治《りじ》を得られるものではございますまい。

幸に新しい法律の世の中に、旧人が残っておりまして、条文に拘泥《こうでい》せずに要領を得た処置をいたしました。それが「公の御沙汰」なるものであったのです。この「公の御沙汰」は一概に行えば忽ちに弊害を生じましょう。勿論、時世によっていろいろに変通《へんつう》しなければなりますまい。中山勘解由は二人八右衛門を放還したのですが、私に話をしてくれた老輩などは、別所孫右衛門や向井兵庫の行為を何時でも「公の御沙汰」だと思っていたようでございます。

百姓の泥坊化

或る時に向井兵庫が、東海道戸塚宿に六十人ほどの泥坊団体があるから、召捕りに行けと、依田に命じた。そして相手方は大勢ゆえ同心十人ばかりを連行せよ、と命じたところが、

「成程、大勢おりますが、泥坊の事ですから仰せの如く同心を十人連れて行っても、手が足らぬかも知れません。されど御威勢で取押える事になりますれば、私、一人でも用が足りると思いますゆえ、大勢を連れてゆく必要はありますまい」と、いつもの通り六人を連れてゆき、十二人程の泥坊を捕えて帰った。向井兵庫は、小勢《こぜい》で大勢《たいぜい》を逮捕したので、依田与力に褒美を与えようとしたところ、「御褒美などとは以ての外でございます。御威光《いこう》に依て土地の者に命じて捕えさせたのでありますから、小勢でも大勢でも、人が無くても用の足りる事です、従って御褒美を受けるような事はございません。仰せの如く戸塚には泥坊が六十余人おりましたが、わざわざ全部を捕えませんでした。その中の目立った者のみを押えて参りました。近年の農村の状況を見ますと、なかなか取立《とりたて》が厳しうございまして、その上に村がかりがだんだん多くなっております、困窮の余り、是非なく盗むというような場合に戸塚は相なっております。盗人を皆、捕えてしまえば、村中皆縛らなければなりません、またそこだけ皆捕えてしまっても、もともと農村が立行かぬために泥坊するようになったのですゆえ、盗人がそれで止むわけはございせん。どうしても泥坊を無くそうとするには、村がかりを減すより外は致方がありませぬ。そうして彼等が生計を営んでゆけるようにしておやりなされば、泥坊する者は無くなりましょう」と申し立てました。

（村がかりとは、年貢《ねんぐ》と賦役《ぶやく》の事であろう）

この趣きを向井兵庫から幕閣へ上申《じょうしん》して、特に戸塚附近一帯を調査しますと、依田の申し立て通りであるので、新しい村がかり等を皆免除するようにした上に、盗人として逮捕された者を全部放免致しました。

かような取りはからいもありました。当時の田舎者は、まだまだ正直者が多かったので、都会風の生活とは全く様子が違っていて、そこへ不時なかかりものを多くしたので、罪人が出るようになったらしいのです。その原因を究めて、ただにわかに罪を咎めるという風でない遣り方をした。つまり事を論ぜずに心を論ずるというきめ方です。こういう遣り方があったという事も、またこの時世の如何なるものであったか、という事を考えさせるものかと思います。

三田村鳶魚翁は、こう書いているが、これは農村の一面であり、決して徳川期の百姓の総てがこれ程に柔順でおとなしかったとはいえない。初代将軍家康《いえやす》の政治の原則は、「百姓は殺さず、生かさず搾《しぼ》れ。百姓と油は搾る程よし」という苛酷な非人間的ものであり、当時は、勿論、明治期の学者と称する、御用学者達も、常に「徳川の御代《みよ》、三百年の太平」と謳歌し、三百年間戦争がなかったのは、世界史上にも稀れに見るべきことだと、賞讃しているが、それは真赫な偽りで、徳川二百六十年間に血の流されてない年はないのである。それは、苛酷な武家政治、封建性に対する農民の反抗の狼火《のろし》が常に揚げられ、蓆旗《むしろばた》が飜《ひるがえ》り、竹槍が衂られていたのである。

徳川期二百六十余年間に全国に起きた百姓一揆と町方での暴動の類は、大略《たいりやく》に見ても四百八十余回も起きている。

そして幕末最後の百姓一揆ともいうべき、武州荏原郡の目黒村から勃発した、軍時教練地拡張に対しての入会権《いりあいけん》から起きた百姓一揆などは、完全に農民側の勝利で、幕府の完敗に帰し、遂に幕府瓦解《がかい》となり、一揆《いっき》張本人の始末さえ出来ない結末となっている（「目黒区史」参照）。あえて日本農民のために付記することにする。

縛り屋の藤掛

元文三、四年頃に加役を勤めていた藤掛伊織は、その罷免《ひめん》された理由は、「心得違いの儀これあり、お咎あるべき処、出精《しゅっせい》相勤候に付その儀御免」ということであった。だが、その後に火付が多くなったので、一年置いて延享《えんきょう》元年と二年と定役（同職責である火附改である）を勤めました。

この藤掛は、なかなかの縛り屋の方で、少しでも疑わしい者があれば、仮借《かしゃく》せぬという方でしたから、元文四年の落首が二首出ています。

藤懸は曽我殿原の子孫かや
　いほりの内にたえぬもつこう
三の字の紋は曾我やら藤懸の
　いほりの内へもつこうがいる

「三の字」は、藤掛の定紋で、「もっこう」というのは、「おだてと、もっこうに乗りたくない」という、囚人の中に足の利かぬ者や重病囚があった時に乗せるもので、工藤の紋所の木瓜《もっこう》とかけ合せた揶揄《やゆ》であろう。また、寛保《かんぽう》三年に落首が二首ある。

丸々と治る御代の御法度は
　すみすみまでも申ふくめん
今年よりみをのやとこそなりにけり
　藤かけ清にしころとられて

藤掛という人は、非常に被《かぶ》り物《もの》を喧《やか》しく言いました。覆面頭巾《ふくめんずきん》というのは「目ばかり頭巾」の事で、寛保度の流行物でありますが、この被物を錣頭巾《しころずきん》とかけているのです。

藤掛は、覆面頭巾を禁じまして、被っている者を遮二無二《しゃにむに》に捕えた。頬被《ほおかむ》りをしている者さえも捕えたのです。頭巾と同様に面体《めんてい》を隠すから禁じたのです。(元禄年内には五尺手拭といって、頬被用の手拭があった。表は縮緬《ちりめん》なので、小紋《こもん》もあれば黒、紫もある。それに紅裏《べにうら》などがついていた)

藤掛は、被物を禁ずるのみでなく、挙動の怪しい者はとにかく押えた、怪しいと思うと、打棄って置けなかったらしい。そこでこんな落首もあります。

　寄れば取り、さわれば取ってみたがるが

手かけ足かけさては藤懸
上り藤掛廻りつつ
三文字まだ伊きおいの織をしたかや
とる人は伊織ませぬと
もうせども丸に三人ととぬ日もなし

このようにドシドシ縛りますから、大変に江戸市民を威嚇《いかく》するように思われた。併《しか》しこの人の遣り口のために、当時江戸市中で大変に迷惑していた「きおい組」を退治する能力はあったので、たしかにこの人のために「きおい組」（今日でいえば、ギャング）は衰えたのです。これは中山勘解由が旗本奴、町奴という暴れ者を押えたのと似ております。

ただあれほどに相手が手荒くないだけに、藤掛も中山ほど手荒くはない。そして中山は骨折ったただけ褒められているのに、藤掛は褒められない。江戸市中から恐がられた事も同じであり、市民の迷惑を除いたのも同じなのだから、勘解由と同様に藤掛も褒めらるべきなのに、勘解由は上々の首尾で大目付《おおめつけ》に栄進したのに、藤掛はごく不首尾で、御役御免になってしまいました。

拷問新手の横田棒

天明四、五年の頃に勤めた横田源太郎などは中山勘解由どころではなく、剛勇《ごうゆう》で、勘解由創案の海老責《えびぜめ》と相対して、囚人から恐れられ横田棒と呼ばれた物を創案しました。これは石抱《いしだき》という責方で、横田は庭先に吟味《ぎんみ》場を拵えて罪人の吟味（訊問）をする。拷問の道具も一通りではいけない、何とか新工風させねばと、一尺余の四寸角の木を並べて、その上に罪人を坐らせる。丁度向臑《むこうずね》へその木の角になっている所が当るので、それから厚さ二寸ばかり、長さ二尺余、幅一尺程の石を膝の上に積む。

これが石抱という奴で、通例は、先ずこの石を六枚積むと気絶する。その筈です、向臑へ角な木が食込むのだから、痛みは非常なものだ。それでも白状しない強い奴があると、角木を下に敷いた上に、また脹脛《ふくらはぎ》の所へもう一ツいれて、やはり膝の上に石を積んでから、うしろから薪雑把《まきざっぱ》で打つ。こうすると膝の節が砕けて、死んでしまう者もあったそうです。非常に強くて死ないでも足が使えなくなってしまうそうです。

こんなひどい事をした横田源太郎でも、御役御免になっていないのですが、藤掛は「きおい組」退治の功があるのに、如何してそうなったかと疑いが起るでしょうが、その理由は、藤掛は、夜廻りに出た時に、御小姓の池田丹波守、安藤丹波守、高家《こうけ》の大沢丹波守、この三丹波守が、揃って新吉原からの帰りを待伏せていて、従僕《じゅうぼく》を引捕えて詮議しますと、馴染《なじみ》の妓《ぎ》に見せるために、衣冠《いかん》を持っていた。その現品を押えましたから、三丹波守は大不敬罪《だいふけい》の処分を受けなければならなくなりました。

一体、火附盗賊改は、役名の如き職責のものであって、武士の取締をする役目のものではない。殊に御小姓だの高家だのという、位置の高い者の取締をする役ではありません。けれども藤掛伊織は、こういう不都合な事をするのを聞くと過視出来ないので、手を伸べた。職掌以外の事をするのは心得違《こころえちが》いである、というので処分を受けた。それが根になって、如何もうまく行かない。手荒いという事よりも、厳重な方がいけなかった。その厳重も犯罪に対する厳重で、職掌に対する厳重でないからいけないのです。これがために藤掛は幕府の首尾が悪かったので、こういう時代の弊風《へいふう》も考えられるが、制度という方にだんだん身が入ってきたことが判る。ただ罪人を沢山出しさえすればいいというわけではないのです。

なぐさみ師

寛延《かんえん》二年から四年頃に勤めた松平帯刀は、往来で、当時、名高い冬瓜仁右衛門という者を押えた。この者は、本所吉田町の御小姓を勤める兼松又四郎の地面を借りて、家を建てて住んでいたのです。

（中奥《なかおく》御小姓衆と称して、山吹の間詰めで、千石から五千石の大身旗本が勤めている）

この仁右衛門がなかなか経歴の面白い奴で、元来は中間《ちゅうげん》奉公をしていたのですが、瘡毒《そうどく》を患って身体が駄目になったので、三ッ目の寄合辻番《よりあいつじばん》の番人になっていた。そのうちに身体が快復したので、冬瓜《とうがん》の立売りを始めて、一文ずつで汁の実になるという事を発案して、方々を売り歩いた。僅かな商売でありますが、当って小金を握ると、今度は賭場へ出入する。いい按配《あんばい》に博奕《ばくち》もうまく行ったので、天保《てんぽう》の初めには三ッ目の旗本嶋杢十郎の屋敷内に賭場を拵え、そこの貸元《かしもと》になりました。

一体、武家地へ町人百姓共が借地するのは、禁ぜられていたのですが、やはり内密は行われていたのです。旗本屋敷内の賭場ですから、手の入りようが無い。これが大いに繁昌して、仁右衛門は名高い貸元になりかけたのを松平帯刀は、捕えたのです。

捕えて吟味すると、仁右衛門は住所さえ言いません、正直に言えば、旗本兼松の身分に障《さわ》ってきますから、「私は、なぐさみ師でございまして、博奕打《ばくちうち》ではありません」と答えました。

これは手慰《てなぐさ》みという事で、職業ではない、慰みに博奕をする。そういうところから「なぐさみ師」という言葉が出来たので、この時分の言葉と見えます。

「従って何所という宿はございません」と言った。そこで無宿者として、牢屋へ入れられましたが、仁右衛門には子分が大勢ありますので、いろいろと歎願に行ったり、貰下《もらいさ》げに行ったりする者があり、何分現場を押えられたわけではなし、そこまで踏込まなかったのですから、貰下げが許されました。

だが、無宿者ですから預ける所がないので、回向院《えこういん》の非人小屋《ひにんごや》へ預けられる事になりましたが、その非人小屋へ皆がいろいろな物を持って行くので、ここで栄耀栄華《えいようえいが》が出来たらしく、暫く差置《さしお》かれて御免になりました。こういう風に、なくざみ師を捕えたのはいいが、詮議すべきところも詮議せずに放す。こんな事で放免してしまうから、これから後に妙な親分とか何とかいう者が、江戸に発生する因縁にもなります。これは矢張り罪人を大勢出さぬという風に傾いているところ

南伝馬町

から「公の御沙汰」が作用して、こんな按配になって来たものと思われます。

手続論からの処分

宝暦《ほうれき》八、九年に御役を勤めた久松忠四郎という人は、内済《ないさい》にしかけた事件をほじくったというので処分されております。

これは御中間の高部佐市という者の弟に七三郎というのが居て、旗本衆の大久保九十郎という家へ度々泥棒に入った。その後、大久保の方では内済にするようになったので――大久保は小普《こぶ》請組《しんぐみ》の設楽善左衛門の支配なのですが、支配へも何処へも訴えずに置いた。ところが久松忠四郎は、御先手組《おさきてぐみ》の跡部九郎四郎の家来の根岸久左衛門という者から、大久保家の盗難の話を聞きまして、あれでは困るから何とかしてやって貰いたい、という事でありましたから、それを大久保家から頼んだものとして取扱って、七三郎を逮捕してしまいました。

これはたしかに盗賊には違いないが、去年、七三郎が泥坊した時分に、盗難品を加役の松平助之丞まで届けた。その賊を捕えた時の事、即ち宝暦九年の事として、そいつを送ろうとしたのです。

尤もこれは御中間の方には御中間組頭というものがありますから、その方で処分して貰えばいい、被害者の方とすれば、小普請支配がありますから、その方でやればいい。捕えても引渡せばいいのですが、いずれにしても訴えない場合には、縛る事は出来ないわけである。大久保九十郎は、一辺、松平助之丞へ訴えたけれども、その後、内済の話が出来かけましたから、届けずにいたのを、久松が検挙したのです。つまり手続き上の間違いなのですが、そのために久松は譴責《けんせき》されました。

これが、初期の荒武者が御役を勤めていた時分でしたら、泥坊である以上は、処分せずに置くわけのものではなかったでしょう。手続論などが出てくる筈もないのですが、宝暦年間にはこれだけ法律的になっているのです。

手鎖の鍵

松平助之丞も同時に加役を勤めた人でありますが、宝暦八年に無宿者清兵衛を押えまして、手《て》鎖《じょう》をかけて非人小屋へ預けた。非人小屋へ預ける前例があるし、無宿者は外に預ける所がないから、非人小屋へ預けるより仕方がない。ところがその清兵衛が駈《か》け落《おち》してしまった。こういう場合には、預り人が処分されなければならないのですが、松平助之丞は囚人と一緒に手鎖の鍵を非人に預けていた。だから手鎖を外して逃げたのだという事になった。

非人小屋に囚人を預ける場合に、手鎖の鍵を預ける先例があるかどうかというと、それはありますまい、鎖を鍵ごと預ければ、自由にかけ外しが出来るから、何にもならない。こうなると逃した方より、鍵を非人に預けた事が手落として、その方で処分されて居る。

こういう風に、手続に関する前例とか、旧格《きゅうかく》とかいうものに違ったといって、処分を受ける者がだんだんに多くなって参りました。それだけ制度が整ってきたのでありますけれども、やはり荒い事をするのが火附盗賊改の持前であるように思われて、穏かに扱ってくれたり、法律ずくめにやってくれるようには思われなかったようです。

人足寄場

人足寄場《にんそくよせば》は、正しくは加役方人足寄場《かやくかたにんそくよせば》で、略して単に寄場ともいう。徳川時代における免囚《めんしゅう》保護と強制労役とを兼ねた制度で、その起原は、天明の饑饉《ききん》以来田沼の悪政の余勢を受けて、百姓町人で職を離れた無頼《ぶらい》の徒いわゆる無宿者、菰《こも》かぶりの類の跋扈《ばっこ》はなはだしく、従来の如くいわゆる狩込みを行って、無宿、菰かぶりを狩りとって溜《ため》などへ打込んだぐらいでは安心出来ぬ状態となった。よって寛政《かんせい》二年二月、時の老中松平定信《まつだいらさだのぶ》は、先手頭火附盗賊改長谷川平蔵《はせがわへいぞう》の建議《けんぎ》を用いて、初めて石川島石川大隅屋敷裡葭沼の地一万六千三十坪にこれを設置した。加役方人足場の称があるのは、当時加役とは、盗賊火附改のことで、先手頭を本職とする者が、別に市中を巡邏し、盗賊及び火付の者を逮捕して刑に処することを兼ねつかさどったところから生じた名称である。人足寄場は、また前記長谷川平蔵の建議に基ずき、平蔵を寄場所扱に任じ、非人《ひにん》以外の無宿者菰かぶりと、南北の町奉行、寺社奉行及び加役方で取扱った囚人中軽科《けいか》の者即ち入墨《いれずみ》、敲《たた》き等の軽罪の者が、処刑は既に済んだが、引取人がないか、または引取人があっても再犯のおそれある者を留置収容して、これを人足として使役労働せしめたところから、加役方人足寄場と称したもので、後には寄場所扱を改めて、人足寄場奉行を置いた。寄場は幕末まで存続し、明治三年徒場と改称され、後に石川島監獄となった。

後年になって、長谷川平蔵が、天明七年八月から本役になって、天明八年七月に人足寄場を拵らえて、寛政七年五月まで勤めておりました。加役で一年勤めましたから、前後九年間勤めた人で、盗賊火附御改として一番長い勤続者だったようです。この長谷川平蔵の捕吏としては、色々名高い話がありますが、寛政元年三月に関東、東北十余国を荒して、八百人の手下がある大泥坊の神道徳次郎を逮捕した。

これで有名になりました。盗賊を逮捕したのは、長谷川平蔵には限らず、いくら捕者の方で凄じいことをしたとしても、元禄以前の人達のように、いつまでもおぼえられておりません。

定役の方の徳ノ山五兵衛も随分と話題の多い人ですが、延享《えんきょう》三年九月に遠州見付で日本左衛門《にっぽんざえもん》の逮捕に向った。その時は逃しましたが、これは大評判になりました。それから六年おいて寛延《かんえん》四年八月に、相州小田原在で尾張九右衛門、やはり日本左衛門と同様な大盗賊を逮捕している。更に五年後に、泉州川俣で、今日本左衛門只吉という大泥坊を召捕っている。

本所五丁目の徳ノ山の屋敷には、徳ノ山稲荷――俗に天徳様という稲荷がありますが、これは日本左衛門を祭ったといって、後年まで残っていた位であります。

この徳ノ山五兵衛の兄に重朝という人があって、それが親父に先立って死んだ。そこで次男坊の権十郎が、親父が正徳《しょうとく》三年に亡くなりましてから、その十一月に、二千七百石の家督相続をしたのです。

徳ノ山家は代々武功《ぶこう》の家でもありました、殊にこの人も仲々えらい男であった。権十郎は、後に五兵衛秀栄と名乗り、延享三年四月に本役を勤めております。それから後も代々ではありませんが、幾度か加役をも度々勤めています。

徳ノ山五兵衛は、ただ強いばかりかと思うと、例の有名な祇園《ぎおん》の梶の娘に百合というのがおりまして、その百合の子に町というのが出来た。それが玉瀾といって、大雅堂の妻になった人ですが、これは五兵衛の権十郎が京都にころがっておりまして、この百合に馴染んで、宝永《ほうえい》四年、十八歳の時に町という娘が生れたのです。それから家督相続をしなければならなくなり、江戸へ帰る時に、百合を連れて行こうとしたが、百合の方から辞退して、「貴方は容易ならぬ御身分の人におなりなさるのに、私のような者がお側におっては、お為に宜しくない、これまでの御縁と思ってお別れ申しましょう」出来た子供は自分の方へ置いて、権十郎の五兵衛だけ江戸へ帰した。

頼山陽《らいさんよう》が、うまい事を書いておりますが、権十郎が帰る時に、同棲十一年と書いている。百合という女は風流めかして、自分よりぐっと年の若い男を引込んだ。今日風に言えば若い燕だった。

これを頼山陽が煽《あお》り立てたから、随分艶っぽい話になったのですが、泥坊でも捕えた日本左衛門の方が有名なので、徳ノ山の方は一向に有名にならなかった、艶話《つやばなし》も百合や玉瀾が名高いので徳ノ山の方は名前が出なかった。

こういう事はよくない事で、長谷川平蔵も職務として活躍した事は伝わらず、人足寄場の話が後々まで残っている。当時としては神道徳次郎は大変な大泥坊でありましたが、それを誰が逮捕したかは一向に知られていない。

長谷川平蔵を有名にしたのは、松平越中守定信の命で、石川島に人足寄場を拵えまして、人足を集めた。これを水玉人足といいまして、これは世話役の者が花色に水玉模様、平人足が、柿色の御仕着《おしきせ》を着て、それが水玉の模様でありましたから、江戸中の者が水玉人足と言った。寛政二年にすっかり人足寄場が完成しましたので、三月八日付で、そこへ新しく集められた人足共へ読聞かせるようにと言って、御条目《じょうもく》があります。その本文は次の通りであります。

当時新人足共へ読み聞かせ候ため御条目

その方共儀無宿の者に付、佐州《さしゅう》へ差しつかわすべき処、この度厚き御仁恵を以て寄場人足に致し、銘々仕覚え候手業《てわざ》を申付、旧来の志を相改め、実意に立帰り、職業出精いたし、元手にも有付《ありつき》候よう致すべし、身元見届候わば、年月の多少かまいなく、右場所を差しゆるし、百姓素《す》性《じょう》の者へは相応の地所下され、江戸表出生の者へは、出生の所へ店をもたせ、家業致させべく候、もっとも公儀《こうぎ》よりも職業道具くださるか、その始末により、相応のお手当これあるべく候、もし御仁恵のむねをもわきまえず、申付にそむき、職業不精《ぶしょう》にいたし候か、或は悪事などこれある

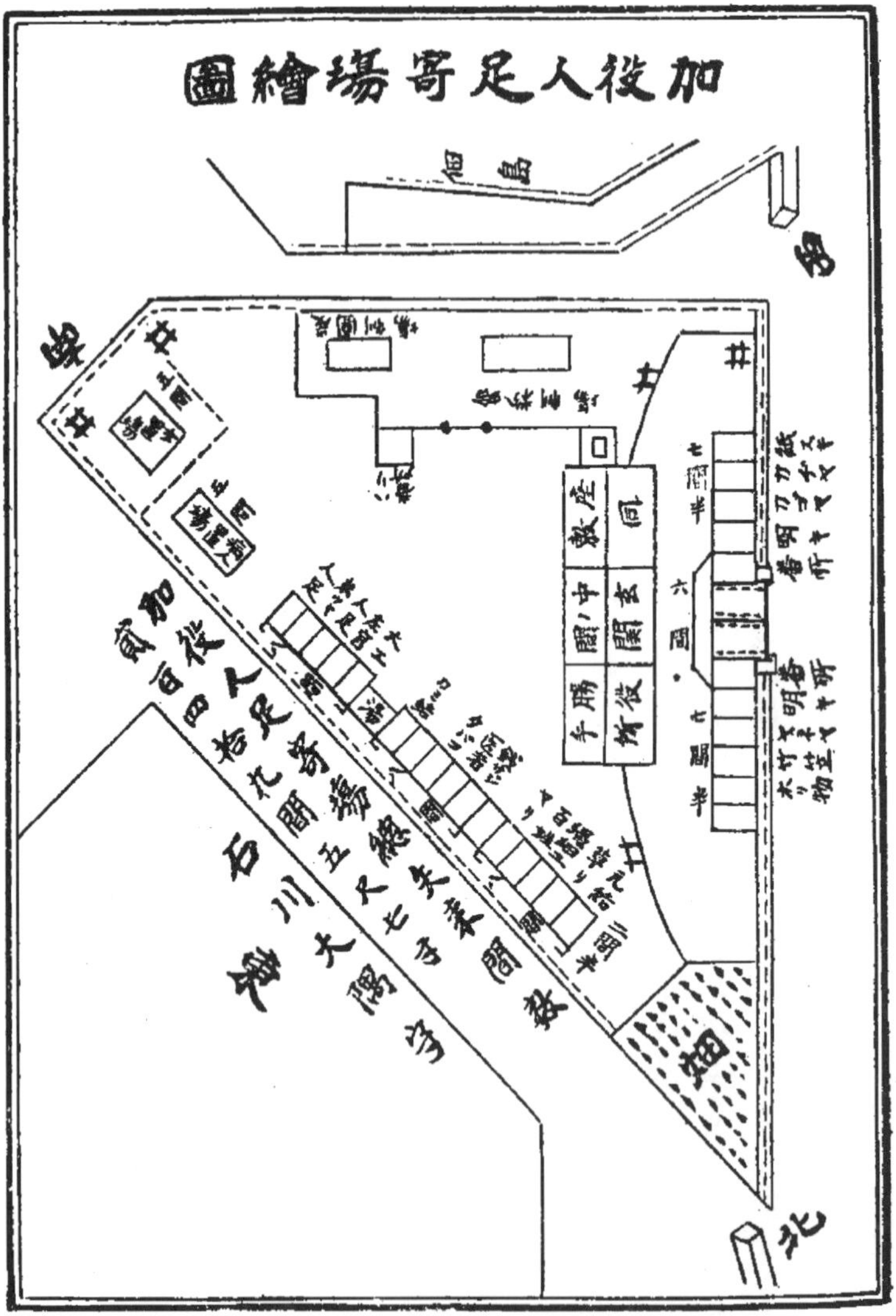

人足寄場

においては、重き御仕置に申付べきもの也。

無宿狩の令

この人足寄場というものの出来るについては、安永《あんえい》七年四月、江戸に集っている無宿《むしゅく》の者共を、罪のある者は勿論、罪がなくても無宿の者は、皆つかまえる、無宿狩りをしたのである。そうしてそれを佐渡ケ島へ送って、佐渡の金山の水替人足《みずがえにんそく》にする。それについての令文があるから、左に掲げる。

近年御当地（江戸）ならび近国共無宿者あまた徘徊致候につき、火附盗賊も多く、騒がしき儀共これあり、世上一統の難儀に相成候、ひっきょう右は一二夜ずつも、無宿共を留置、宿など致候者これあり候ゆえ、右てい無宿多く徘徊致し、不届の至りに候。これより町方は勿論近在共、町役人村役人共、町方村方きびしく吟味をとげ、前々の掟もこれあるとおり、一夜たりとも身元たしかならざる者留置き申さずよう申つけ、在町共に無宿者見かけ候わば召捕り、町方は月番の町奉行へ召連れ出すべく候、関八州在方は村役人など差添《さしぞ》えにおよばず、村継《むらつぎ》に致し、月番の町奉行へ送り候よう致すべく候、元来無宿共の儀は、百姓は農業を怠り、町人はそれぞれの渡世を致さず、身持放埒《ほうらつ》ゆえ、無宿に相成、愈々たべ続きかね候節は、火附盗賊を心掛け候者共、懲らしめのため此度無宿きびしく召捕、佐州へ差つかわし候間、在町方無宿召捕訴え出候ても、後日仇等致候儀は決して相成ず候様申付候間、見付次第召捕り訴え出べく候、もし見逃がしに致置候わば、きっと咎め申付べく候。（悪党は昔も今も変りないと見えて、召捕ったら決して「お礼参り」をさせないと念を押しているのは面白いことである。）

これは無宿狩をする最初に出した法令なのですが、火附盗賊の予防に無宿者を掃蕩《そうとう》しようというのです。別段に犯罪はなくても無宿ならば片端から縛る。無宿といっても、宿なし、即ち住所のない者というのではない。宿なしは住所がないのだが、無宿は住所なしではなく、江戸の法律では原籍《げんせき》のない者のことである。尊属《そんぞく》の申立てによって、処の名主《なぬし》を経て町ならば町奉行、村ならば代官の許可を得て、帳外《ちょうがい》といって、人別帳《にんべつちょう》から削除してしまう。

それを無宿というのである。これは良民賤民《りょうみんせんみん》以外の人間なのである。賤民でも弾左衛門なり、善七なり、松右衛門なりの手には、それぞれ人別帳があるから、無籍者《むせきもの》ではないが、無宿者は良民であっても無籍なのである。

これは勘当に伴う処置であって、天明頃《てんめい》までも父兄が勘当をすると、町役人または村役人が、監督官庁へ帳外処分を申請することになっていたが、その後は勘当願いが決定すれば同時に帳外にしてしまうことになった。

さて江戸は掃溜《はきだ》めだと言って、諸国からいろいろな人間が寄集る。これは何にも江戸に限ってではなく、都会地なら何所でもそうなんだが、江戸は大都会地だけに集り方が多過ぎただけで、それに都会地では農工以外、商売の数が多く、博徒等がよく言う「商売往来にない商売」それが彼等だけでなく、随分商売往来に書いてない商売があった。これが無宿者にも便利だったのである。無宿狩に縛られるのは、ただ無宿者というのでなく、何の渡世《とせい》にも有付けない者だ。真面目に奉公しようとしても、無宿者は請人《うけにん》がないから傭ってくれる人もなければ、人宿《ひとやど》でも相手にしない。併し商売往来にない商売なら、働く気さえ出せば、有付けない事はない。有付きさえすれば、辛抱次第で勘当を免されるようにもなり、従って人別帳へ再録されることも出来る。だが改悛《かいしゅん》の情状いちじるしいこうした人間は甚だすくない、何としても汗を流して働く気にはなれない奴の方が多い。何時までも浮浪を続けるとなると、博奕、それから泥坊という順序を是非共辿るように成って行く、ここで無宿者が問題になる、宝暦以来都会生活も変ったが農村生活は変り方が都会よりも甚しい。都会同様な生活に驀進《ばくしん》しようという意志を生じたのではないが、江戸文化の展開、苦しいものであった旅行が、この頃では遊山旅《ゆさんたび》という名称さえ出来てきた。それ程に交通の便利がふえ、交通の便利が都会の風尚《ふうしょう》を村落に伝播《でんぱ》することが早くなり、流行物も一両年の間にゆき渡るという有様、殊に農村の副業が発達してきて、機織《はたおり》は農間《のうかん》の家庭工業として有力なものになり、機《はた》業地方がだんだん多くなって来て、いずれの農村でも機の音が聞かれるようになり、その地方は概して物質が豊富になる。機織のみならず、農村の家庭工業は百姓の家を賑やかにする、処々の市場は月毎に数回開かれて、そこは小都会の観を呈してくる。

農村の家庭工業の有無がその地方の盛衰を招く、農業だけでの村落はいよいよ貧乏になり、人口を減じてゆく。副業のある村落は益々繁昌になる、市場には程近い宿駅が選ばれて、そこには問屋ができて立派な商人が発生して、仕入客も集ってくる。農民も副業によって売買が繁多になり、商人らしい心持にもなる、半農半商となり、進んで商人になり、それを希望する者が多くなる。稼ぐよりも儲けたくなってくる。そうすると淳朴《じゆんぼく》誠実であった百姓も都会かぶれをまぬがれず、まして若い心の面白さから酒や博奕、漁色《ぎよしよく》に染って、勘当帳外の身の上になっては、土地にもいられなくなり、無宿らしい様子になって、小都会から大都会へと転々する、立ちゆかない方の村落からも、浮かれ出した放蕩者《ほうとうもの》でなく、つまらなさに自棄になり、これも同じ路程を辿るから、江戸としては関八州ないし十州の村落から一様にこうした人間を送りつけられる訳になる、だが江戸で大問題になる前に、地方では比較的に小さい問題を提起していたのである。無宿者の過程をこう眺めて、初めて人足寄場の効果が知れる。決して充分とは思えぬが、存在価値は充分ある。また、享保以前に無宿よりも乞食非人《こじきひにん》が問題であったのです。それが明和《めいわ》、安永《あんえい》には同じ窮乏《きゆうぼう》でも乞食や物貰いにはならずに無宿者でいる。その無宿者の始末に困るのである。

前に言った「商売往来にない商売」とだけではわからないかも知れない。帳外者の有付きについて書いたものも種々あるが、私の調べた内で古いものでもあり、目立ったものとしては、井原《いはら》西鶴《さいかく》の「本朝二十不孝《ほんちようにじゆうふこう》」があり、これは貞享四年の板行《はんこう》である。

その中に左のような話がある。

漸《よう》く四十七日目に江戸に着いて、麹町六丁目の請人屋九助という方へ友達の状をつけしを頼みに、たづねけるに細かい様子も聞ず、ここもとかせぎのためとや、その若盛《わかざかり》にては何をいたされても口過程の事は気遣いなし、さて先何と望給うぞ、すこしのもとでは有かと尋ねしに貫ざしに十八文、残る物とては米八合、徳三郎応えかねて赤面し迷惑そうなる様子を見て、いかにも金銀があればここまではくだられぬはずなり、それを儲にこそと合点して情をかけぬ、先この家吉凶と思われよ、今迄何程というかぎりもなく、諸国の旧里切れを請込《うけこみ》、首尾よく帰宅せぬものなし、そなたも追付仕合有べし、その内は我々を親と思われよ、さて一両年は奉公いたさせ、その後は分別あるべし、先出替り時迄はわずかの棒手振《ぼてふ》りなり共いたされよ、後大名になっても、それが身についている物ではなしと、霜先《しもさき》の朝道を急ぎ、四谷の町はずれに里人を待、大根の出買して、夕に売仕舞、むかしの楽を今思いあたれり。

京都から勘当されて下った男の有付き方なのですが、帳外になった者でもこうして親達へのお詫びの種子を拵えもすれば、立身出世の門出にもします。江戸で抱える奉公人の危険なのも、素性のいい無宿もあるが、怪しからぬ奴もあったからです。

身元を厳重に調べて雇い入れるのは手堅い商家のことで、一般にはろくろくに聞き訊《と》いもせずに抱えますから、無宿でも渡り奉公に差支はない。武家屋敷でも中間などには兇状持《きようじようも》ちさえあったといいます。それから棒手振、天秤商《てんびんあきな》いをする者は、人別《にんべつ》に拘わらぬ存在でありまして、人足《にんそく》の中にも無籍者《むせきもの》は沢山いたのです。

今日も苦笑される明治二十四年二月十五日に行われる臨時総選挙に当って――この総選挙は後々までも稀《まれ》の大干渉というので名高いが、松方内閣の内務大臣品川弥二郎は、選挙に先立って一月十五日に、勅令第十一号を以て予戒令《よかいれい》を発布しました。

これは発布の即日から執行するというのです。私は当時甲府にブラブラしておりますと、甲府警察署から呼びにきました。いって見ると予戒命令書というものを渡されましたが、これは随分迷惑なものに相違ありません。

江戸時代の無宿狩は社会的であったが、予戒令は政治的なのです。しかし、社会的な風味が大いに含まれておりまして、これでいわゆる壮士《そうし》なる者を鎮圧する意味が過分に見える。

当時壮士といわれていた連中は、運動費頂戴の口が多くなってはおりましたものの、持出しで憂国《ゆうこく》の心持に駆られて動いている人間も多少あったのです。

予戒令の心持は浮浪を取扱うゆき方であって、全く食えないからの政治運動、飯の種子に騒ぐ者と見ての処分でありましたから、或る者には侮辱《ぶじょく》されたようにも感ぜられたに相違ない。そう扱われても仕方のない人間もいたのであればやむを得なかったのでしょうが、この時から漸く、憂国の心持から政党の一兵卒たるに甘んじて動く者は退き、口腹《こうふく》のために名利のために働く者が残るようになった。政党の品質を変化した功績は、たしかにこの予戒令にあると存じます。

その予戒令は前年の保安条例とは全く調子の違ったもので、第一条の一に、「一定の生業を有せず、平常粗暴の言論行為を事とする者」ということがあって、第二条の一には、「一定の期限内に適法の生業を求めて、これに従事すべきことを命ず」とありまして、大よそに三ヶ月間を限って職業につかなければ、拘留罰金等の処分があることになっていた。政府はただ来るべき総選挙に暴れさせないだけの意図ですから、後日の就職について強要するところもなかった。もし就職を強要したならば、お雇い壮士の飯喰い騒ぎを療治するのには効力があったろうと思う。

暴れさせまいとして無宿者を佐渡ケ島へ送って、金鉱の水替人足にする。この時の無宿は饑餓から出発したのでなく、従来の生活振りも更にいい暮しがしたい欲望から生れたのが多いだけに、腹がふくれさえすればいいのではない、なるべくは働かずに美食がしたいという手合である。それを済度《さいど》するのは先ず困難であろう、済度が出来ないから差当って取除ける方法がえらばれた。本土を離れて佐渡ケ島まで取除ければ、如何なる奴も江戸のみならずその郷土に損害は与えない。それはそれで宜しいとしても、余り遠方だけに費用や手数の関係で、思うように送り出せない。従って捕え残りの奴が多い、その多い奴等が捕えられたら百年目、もう二度と江戸は見られない、今の内だけだと自棄になってもこよう。法令に懲らすということが、送られた奴にも取残された奴にも逆になろう。

それに無宿と見付けたら縛れと命じた処で、一目瞭然と見分けられるものでもない。また、無宿と知った処で、訴え出ることはするにしても、なかなか町役人、村役人の手に乗る訳のものではない。訴えても江戸では町奉行や加役があるけれども、地方では小大名諸侯や御代官所、まして小旗本の領地には陣屋《じんや》さえもないのがある。陣屋があった処で埒があかない、特に寺社領などときたら丸でお話にならない、この頃はまだ八州取締出役《とりしまりしゅつやく》はないのですから、その辺は法文だけのものと見なければなるまい。無宿狩も江戸だけであるし、佐渡の水替人足も先ず他の地方からは発遣《はっけん》されない訳です。

この佐渡送り以前には無宿者を如何に処分したかというと、引取人があれば引渡します。なければ門前払い、入墨あるいは敲等の刑を受けた無宿で遠国《おんごく》者は、領主地頭へ引渡すことになっておりました。それを今度は引渡さずに佐渡へ送ってしまう事にしたのです。

佐渡送りの目籠

江戸時代には寄留籍《きりゅうせき》というものが全くない訳でもありませんが、甚だ不行届《ふゆきとどき》でありました。江戸には本人別というものと、仮人別というものとあるのですが、仮人別の方は名主以下、町役人限りのものでありまして、多くは町役人即ち家主の手限りのものでしたから、身許などがよく調べてあるのではない。

人別といえば本人別の事なのですが、本人別の方は表向のものになっておりますが、本人別に入っていない人間が多いのみならず、仮人別にも入っていない人間が、江戸には沢山いたのです。これは江戸の戸籍法が整っていないから、不都合が出来るので、これがためにいろいろな人間が江戸に入ってくる。本人別の方でも、方々の雇人は載せてありませんし、旅人などは何程逗留していても、それが本人別に載る訳ではない。だから別に怪しい者でなくても、本人別に載らぬ人間はいくらもある。同居人でありますとか、床店《とこみせ》を持っている者でありますとか、店借《みせかり》の中の或者とかいう者は、本人別にも仮人別にも載っていない。

　何故そういう事が出来たかといいますと、本人別に記載するについては、その生国《しょうこく》のそれぞれの役向から、免許状が無ければ本人別に載せられぬ定めになっている。ところで諸大名は勿論のこと、旗本家などの小さな領分としてはなお更容易に住民を他地方に出す事を許しませんから、なかなか免許状を出すことはありません。長年江戸に奉公して居って、見立てられて女房を持ち、世帯を持つようになりましても、やはり免許状がこない。やがて免許状を取寄せますといって、男も女も免許状なしで、家も持てば結婚もする、子供も出来るということから、江戸人別は余計不備なことになってきたのです。それと共に、人別に載らぬ人間が住むのには便宜が多いので、無宿者がどんどん入込んで来るのみならず、刑余《けいよ》の徒まで入込んで来る。これは経済上の関係もありましょうが、法律上の関係があるのです。そこで無宿狩をやる時分でも、人別の方から手をつけるのは大変ですから、無商売でいる奴から手をかける。

　加役が無商売をやかましく言うことは、江戸の末期までそういう風でありまして、何とも始末がつきませんので、そ奴を掴まえて佐渡へ送ることにした。

　佐渡へやると決りますと、捕えた者も御勘定奉行の手へ渡しまして、御代官手代《てだい》がその始末をする。それを送ります時には目籠《めかご》に入れて、羽交締《はがいじめ》にします、何しろ遠方ですから、村継ぎにして送るのです。それから後には唐丸籠《とうまるかご》――これは誰でも知っているように、唐丸というのは軍鶏《ぐんけい》のことで、その籠に似ているから言い出したのですが、近来はこれを間違えて、庭籠の中へ囚人を入れて送るように思っている。芝居などの唐丸籠も間違っているように思います。

本来囚人の差立《さしたて》は身分によって違うので、武士は駕籠乗物に入れる、百姓町人は目籠へ入れる、という風になっている。まして無宿者の佐渡下しなどは、無論、目籠のわけです。道中は御老中の証文を以て通行するのですが、いずれにしても今芝居でやっている庭籠のようなものではありません。

目籠は高さが三尺、それを琉球蓙《りゆうきゆうござ》で包みまして、前で合せるようになっている。前面に穴があって、椀が出入する程の大きさになっている。ここから食物を入れるのです。下の台はしっかりした板で、大小便の抜けるように落穴があけてある。中に柱を一本立てて、それに囚人を縛りつけ、手には手鎖《てじよう》をかけ、足にはほだを打ってある。口へは管に線を通したもの、細い竹を口の広さにして少し長く、苧縄《おなわ》を通してある、それをくわえさせて、その苧縄を後の方で結ぶ。これは囚人が途中で舌を噛まない用心のためにするのです。食事をする時は、一々役人が立合って、口にくわえさせている細い竹を取って食事をさせる。佐渡下しの場合はそれほどに厳重ではないようです。目籠の寸法については、「加役方勤向書抜」に詳しく書いてあるので掲出して置きます。

丈三尺二寸、横幅二尺八寸、飯口五寸丸、糞落五寸四分、台四寸四分、菰《こも》一板、細引（但八部）

釣二筋、糸建五枚、棒一本、細カナ引六尺程、名札板二枚（竪一尺五寸、横幅三寸）

先ずこういう風にして送るのですが、これは佐渡下しには限りません。一般の罪人護送に、皆これを用いたのです。

無宿と非人

幕府は苦心して無宿者を処置して参りましたが、どうもその成績はあまりよろしくない。佐渡へやられてしまえば、何日帰って来られるか判らない。その多くは生きて帰れない。その間には御赦免《ごしゃめん》があって、生きて帰れないこともないのですが、先ず帰れない方が多いので、佐渡下しが始まってから、囚人はかえって自暴自棄になる。佐渡へ送られても、あてがわれた仕事をろくにしないで、我侭《わがまま》ばかりしますから、自然土地へ迷惑をかける、何分うまく行きませんので、それを廃したわけでありませんけれども、人足寄場を新に拵えて、無宿者をそこへ収容する事を考えたのであります。

それには、無宿狩を随時にやって捕えるばかりでなく、刑をおえて出獄する者――いつもならば門前払いにしてしまうが、病気などで門前払いに出来ない奴は溜預《ためあず》けにするのですが、今度はそうしないで刑を終って牢から出ると、直ぐ人足寄場の方へ連れて行く。無論、狩立の方もやりますが、長谷川平蔵が御役を勤めた時には、江戸市中に無宿者、乞食が無かったと言います。

無宿というのは、字で読むと「宿無し」と同じ事になりますが、自分の住む家が無いから無宿なのではない。無宿には何の国無宿という奴と、当時無宿という奴と二通りありまして、当時無宿というのは、一時非人に落ちた奴で、何の国無宿というのは、まだ非人に落ちない奴なのです。

非人に落ちたという内には、本当の無宿――帳外《ちょうがい》と言いまして、親に勘当されて原住所の人別から省かれた者が本当の無宿なのですが、何の国無宿が物を貰って乞食をすると、非人に落ちたという事になる。そう言うのもあるし、本国に人別があっても、物貰い、非人の境涯に落ちた者もある。この方は、まだ小屋に入らぬ非人なので、非人には非人の方の人別があるんだけれども、これはその方にも記帳されていないのです。当時無宿という奴の中には、法律上の帳外でない奴がいくらもある。非人の事は前にも云って置きましたが、享保以来、殊に厳重になっておりまして、江戸などでは善七、松右衛門両人の配下に小屋があり、小屋頭という者がおりまして、非人の人別を拵えて、非人頭車善七なり、松右衛門なりの方へ出してある。非人でも人別はあるわけなのです。ところが当時無宿という方は、本当に法律上の無宿でもあり、また非人の方の人別もない、そうして物貰い、乞食をしている。それがいわゆる野非人《のびにん》という奴でありました。

それからもう一ツは、そういう風に乞食にでもなりそうな者、すでに乞食、物貰いにたった者に対しては、いろいろと引合を受ける事がある。それが面倒なので、原籍地の町なり村では、まだ人別がありましても、あれは帳外の者でございます、と言って無宿の取扱にしてしまう。生れ在所で無宿の扱いをしますから、江戸では無論、無宿の扱いになる。こんな奴も居るのであります。

寄場条目

この無宿は大凡二種類ありまして、一は素行が修らぬために無宿の境涯に落ちた者、一は全くの窮民です。

窮民の方も貧の為に悪事を働くようになりますが、この方は授産《じゆさん》の法を講じてやれば、効能があるわけですから、人足寄場の効果は窮民の方に著しかった。島の中には役所長屋がありまして、一番から六番まで、一室に四十八人位収容できるものを拵え、罪科の軽重によって分けてある。別に老人、病人のために一房と、細工小屋が二棟とあり、追々建増す計画になっておりました。蜀山人《しよくさんじん》の「一話一言《いちわいちげん》」に出て居る図は、今申したのより少し大きくなっているようです。ここへ寛政五年に収容した無宿者の数は百三十二人で、それが幕末には四五百人にたっている。「一話一言」にある図は、その中頃の図面でありますから、寛政の当初よりは人数も多く、建物も大きくなっているわけであります。

収容者に対しては、手職があればその職をやらせる。職の無い者は、米舂《こめつき》、油絞り、炭団《たどん》、藁細工というような事をさせます。また、ここへ収容されてから悪事をした奴は、御定百箇条《おさだめひやつかじよう》の外に条目を立ててあります。

その条目を次に記述します。

一、此度人足に申付候上は、職業出精いたし、渡世相続致すべく体に成候者は、寄場差ゆるし、家業相成りべきほどの手当差しつかわし、身寄の者へ引渡、身寄これなき者は出生の所の名主、或は地役人へ引渡し、家業相続いたさせ候事
一、門外へ出候儀かたく無用なるべき事
一、火の元入念大切に致すべき事
此度御仁恵を以て佐州並に在溜ゆるし候上は、右之条々堅く相守り、銘々職業出精致べきものなり
一、寄場を逃去候もの
一、寄場に於て盗いたし候もの
一、寄場に於て徒党がましき儀致し候もの
一、寄場に於て博奕致し候もの
右の始末これあるにおいてはきっと御仕置申しつくべき事
一、右悪事これある儀を申出候者は、その品により御褒美下さるべき事
一、職業を出精せず、或は役人の申付を用い申さざる者は手鎖、又は始末により折檻《せっかん》を加え、なお用いざるに於てはきっと御仕置申付しつくべき事
右之条々兼て申渡し置候間、その旨を存じ、堅く相守るべきものなり
人足寄場を逃去りました者は、死罪ということでありましたが、それも寛政十二年四月に、情状によって死刑にする、という事になって、一概でなくなった。島で泥坊を働いた者、これも死

罪という事であったが、やはり改正されまして、死罪、入墨、敲放《たたきばなし》という風に差別をつけるようになり、徒党を企てた者は死罪ということだったのが、これも御定書百箇条による、という事にしました。島で博奕を打った者は死罪であったのも、遠島《おんとう》という事になりました。島において役人の命を用いない者も、遠島にするか、町奉行へ引渡すことに改めました。

そこでこの島からは、各御普請場《ごふしんば》、諸大名、諸旗本の普請場、そういう処へ達しまして、桧《ひのき》の鼻切れを貰い集めて、小盥《たらい》とか小桶とかいう物を拵える。この資料を集めるために、車一輌に役人が二、三人ついて、道三橋まで持ってくる。彼処からは大茶舟《ちゃぶね》の艫《とも》へ、御用という幟《のぼり》を立てたのへ、それを載せて、石川島の人足寄場へ送りまして、そこで桶や盥を拵えさせたのです。

また、反故紙《ほごがみ》を集めさせて、鼠半切《ねずみはんせつ》などに漉《す》き立てさせる。そしてそれを各方面へ売らせました。

この人足共の従業は、朝の五ツ（午前八時）から、夕方の七ツ（午後四時）までで、賃銭は三分の一だけを預って置いて、三分の二を毎月二度の勘定で各人へ渡す。それから三の日毎に心学の講義を聞かせたのです。

衣類は御仕着《おしきせ》が出ます。

夜寝ます時でも、役付の人足は琉球縁無しの畳の上、平人足は寝子駄の上に寝るので、冬になると炉を入れさせるようにする。

こうして三年位その辛抱を続ける。別に三年と限ったわけではありませんが、これならば改悛の状がいちじるしいから、世渡りも出来るだろうという見込がつきますと、職業によってその道具と、三貫文、五貫文、七貫文という風に、積立てて置いた賃銀の外に資本を渡して、国許へ返すなり、江戸の内で家を持たせるなり、そういう世話まで焼いてやる。

三年たちませんでも改悛の情状がいちじるしい者に対しては、身寄の者から御慈悲願を出すのを待って引渡す、という事になっております。これについてはいろいろ弊害もありましたし、この規則を応用して、妙な事をする奴もあった。それについての一例を次にあげます。

桜田御門外の喧嘩

間部若狭守詮熙（越前鯖江五万石）退出の節、桜田を出候節、平岡美濃守頼長（御側御用取次《おそばごようとりつぎ》、五千石高）御預りの御馬（将軍の愛馬）従者（間部の従士）に突当り候て、従者と中間（これも間部の供方《ともがた》）が御馬の口中間を打擲《ちょうちゃく》いたした候に付、牢舎仰せつけられ、従者江戸追放、武家奉《ほう》公構《こうかま》い、徒頭《かちがしら》の行届かざる致し方ゆえ、役義取上げ押込、主として打擲いたし候中間は、無宿島（石川島の人足寄場の俚称）にて三年徒となす、これは新政なり、すべて御馬の口御中間（幕府の中間は御の字をつけていう）が差引候法也、これもその儀なくて、その沙汰に及ばざる也すべて五十年来の仕ぐせは、直す事ならぬ事也（幕朝故事談）

平岡は寛政三年三月以来の御側衆であり、ここに人足寄場へやるのを「御新政なり」ともあるから、この出来事は寛政四、五年でもあろうか、人足寄場が出来て間もない時の事らしい。

一体、鯖江侯の供方の中間ならば、無宿ではない筈です。だが、江戸払《えどばら》いになって、引取人がないとすれば人足寄場へ収容する。人足寄場に三年辛抱すれば、寄場の方から世話をして身の振方をつけてくれる、それからは澄した顔で江戸にいられもすれば、何にでも有付けるが、そうでなく江戸払いになって、田舎へ行けば御赦免でもない限り、何時までも江戸へ来られもせず、勿論、就職も出来ない、そこに駈引があって殊更に人足寄場へ入れる段取をつけた様に見える。何にしても将軍家の御愛馬に対して乱暴した訳だから、処分しない訳にはゆきません。この処分には余程手加減があったので、人足寄場の規定を利用して、処分を大変に軽くする趣向なのです。一体御厩の者は御馬だというので、それを笠に着て馬鹿に威張ったそうです。御預りにしても同様で、その家の厩中間はいい気になって始末がつかないものだと言います。

御馬が通る時には、「御馬、御馬」と声をかける、その声を聞けば往来する者は武士でも道を譲らなければならない。本文に五十年来の仕癖《しくせ》を歎息しているのは外でもありません、吉宗将軍の事を書いた「廿日草」の中にも、

その頃ワタリと言う格別の名馬あり、或る日御城へ牽《ひ》き候時、下乗橋の上にて、折節《おりふし》、小十人《こじゅうにん》組頭馬場藤十郎と行合候に付、例の如く御馬々々と御馬方の者共、声を掛候えば、藤十郎、橋の上に立、御人《おひと》にて御座候と申し、動かざるよし。

という話があります、癪にさわったから、そっちは将軍家の御馬だろうが、こっちは将軍家の御人（幕府の直参《じきさん》）だと言ったのでしょう。

この話をとって大久保彦左衛門《おおくぼひこざえもん》が、御鷹匠《たかじょう》と出遇った時の事にして、「御鷹々々」と言って通ろうとすると、彦左衛門は「御人御人」と言って動かなかった、という風に拵えた。御鷹匠ならまだしも、厩中間の威張るのは癪でしたろう。間部は小さくとも大名である。その大名の行列を威勢が強くとも御側御用取次の平岡――役高で五千石、持高なら二千石の身分に過ぎぬ平岡の中間が、遮るのだから、間部の中間の方でも、内の旦那は五万石で平岡の役高の十倍だぞと、同じ中間でもそこに意地が出たろう。こういう事から喧嘩になるのは珍らしくもないのだが、何にしても相手が悪い。将軍の御馬を牽いているだけに、中間と中間との喧嘩にして済ます訳にいかない。公儀に対して不敬なのだから、厳金な処分はするが、そこに裏と表があって、御慈悲な沙汰もあろうというもの。事体のわきまえのない無知の人間だけに、格別な手加減が加えられる。人足寄場は懲治場《ちょうじば》の意味のもので、刑務所ではありません。勤労三年、改悛の情状いちじるしければというので、――これは真人間《まにんげん》になれそうだという見込がつけば、喫緊《きっきん》な保護の下に釈放されるので、何年たったからといっても、世間並に暮してゆけそうに見えない者は釈放の限りでない。本来人足寄場に期限はないのです。然るにこの人足寄場で三年の徒刑《とけい》を済させる、そこが徒刑を執行する場所でもなく、刑期のある囚人を収容する場所でもありません。まして江戸払いの処分を受ければ一件落着で、四里四方を出放れば、すでに囚人ではなくなっております。それを本文のように取計いますと、刑の上に刑を加える、しかも申渡しにない刑罰を加える事になり、これでは重々の違法な処置なのです、それ故に刑余のこの中間を無宿者の扱いにして、寄場御条目の精神を外にして、その作用だけを受けさせる。本文に「新政なり」とあるのも或は皮肉な文句にうけ取れる、平たく言えば便法《べんぽう》なのだ。こういうことはこの場合、面白い扱いのようでもあるが、また甚だ危険な処置であって、治者自ら制度法律を破壊するようにもなれば、被治者に制度法律を軽んぜしめる端緒《たんしょ》にもなります。この外に身寄の者からの引取願に町役人乃至村役人等が副書《ふくしょ》して呈出《ていしゅつ》すると、手続上からは立派に将来が保証されたようですが、それは書面だけの事で、釈放後の実際は、従前の無頼を繰返しているのが多かった。引取願も弊害の大きなものだったようです。人足寄場は目前のところ、主として有力であり、性質のいい無宿者を懲治する効験はあった。

女は別囲

女も最初は別囲で、人足寄場へ収容致しまして、ここの人足共の洗濯や縫物などをさせておりましたが、享和《きようわ》元年七月限り、この分はやめました。女収容の経費は、一年間に米七百俵と金三百両、それを幕府から給与しまして、あとは人足共の作業利金と、嶋の中の貸地料とを足して、ここの経費を支えてゆくようになっておりました。

それから此所へ収容するについては、前記の通り、市内におります無宿者は勿論、その他に敲放しや江戸払いの処分を受けて牢から出た者は、評定所《ひょうじょうしょ》からも、加役からも受取って、皆収容しました。それには名前、年令、生国、父母の有無、職業、刑種、何故無宿になったか、と言うようなことを調べて口書《くちがき》を取ります。そうして人足寄場の役人である元締、その下役、見廻りに来る町方の同心、詰切《つめきり》の町方同心、立合の小人《こびと》目付、これだけが列座して、白洲で口書爪印《つめいん》を取る。それから御条目を読み聞かせて、例の水玉模様の仕着に着替えさせる。

人足寄場の役人としては、天保十三年現在によりますと、元締三人、これは小普請世話役格で五十俵三人扶持、手業《てわざ》掛三人、見張鍵番役三人、舂場《つきば》掛三人、蠣殻灰《かきがらばい》製所掛一人、畑掛一人、油絞方掛八人、これは二十俵二人扶持です。

新見張番《みはりばん》二人、門詰《かどつめ》八人、この給料は不明、以上三十二人詰めている。そして元締が一人ずつ、鍵役以下は隔日に宿直する。

人足の方からも役付の人足が不寝番《ふしんばん》を勤めます。

この人足寄場は割合に成績がよかったので、一方には弊害もありましたが、大分効果があった。それですから天保改革の時に、水野越前守はもっと寄場を沢山こしらえて、江戸のみならず各都会にもこの懲治法を行わせる計画を立てて居ります。これは遂に実行されませんでしたが、石川島での事業が長く続いて、長谷川平蔵は名高くもなり、彼の名が皆におぼえられました。

平蔵は長く人足寄場の世話をして居りましたが、その時は人足寄場取扱ということで、本役の火附盗賊改から兼ねて勤めて居りました。寛政《かんせい》四年六月に平蔵が老年のゆえを以て退役致します。

その跡は御徒目付《おかちめつけ》の村田鉄太郎が勤めるようになりまして、人足寄場奉行という役名になり、御大工頭格《だいくがしら》、二百俵二十人扶持という事になりました。しかし平蔵の後には、格別大事業をした者もありませんし、余り名高い人もありません。

大分荒ッぽい筈でありました加役方も、時世につれてだんだんと役人らしくなり、法律制度向にもなって参りまして、こういう仕事を担当するようになった。それでも加役の昔からの事は忘れられなかったと見えまして、定役の松下河内守について、次の逸話が伝わっています。

文化十三年二月頃に捕えた泥坊は賤民でありまして、だんだん吟味方与力が調べますと、「私は人付合の出来ない賤民でございます、たまたま世の中へ生れ出ても、人交りが出来ません。真に残念に思いまして、五十年の命を三十年に縮めて構いませんから、人並に世渡りがしたい。人のする贅沢をして見たい、それには金が無くては仕方がありませんゆえ、遂に泥坊致しました。只今では最早栄華もしつくしまして、何も思い置く事はございません、如何ように御処分されようと、一向お恨みは致しません」と申し、どんどん自分の罪科を白状しました。まことにスラスラと言うので、吟味方も恐ろしい奴だと思いましたが、いよいよ御仕置になるときまった前夜に、この泥坊が、「是非吟味方与力様にお目にかかりたい」と言うので、会いますと、

「いよいよ罪がきまりまして、最早心残りもございません。まことに心安うございます、貴方のお手にかかりまして、一ツもお恨み申す事はございませんが、この上の御慈悲には、何卒命日に線香の一本も立てて下さいますように」としきりに願うので、

「よし、承知した、立ててやるぞ」と言うと、

「いろいろお手数をおかけした上に、我侭を申して真に恐れ入ります。御恩報じにいい盗人をお手に入れるように致します」

と申しましたが、与力は別に気にもとめておりませんでしたが、その囚人が死刑になった晩に、夢枕に立って、「明日、本所のどこそこへお出でになれば、よい犯人が召捕れます。是非お出かけ下さいまし」与力は別に信用もしませんでしたが、ともかく、同心を連れて行って見ますと、当時詮議中の犯人に出逢って、それを捕える事が出来ました。聞いた世間では大評判で噂されました。世間が加役のことを、真面目な手堅い役人と見るようになった一つの例でありましょう。

火附盗賊改が新任されると、その祝いに松右衛門や善七が押しかけてくる。そういう事は他の御役にはない。その時の様子が津村淙庵の「譚海《たんかい》」に書いてあるので見る事にしよう。

江戸にて火事御役（十人火消）、加役（盗賊火附改）など仰付らるる時は、堺町、葺屋町《ふきやちょう》等の三芝居の座元《ざもと》太夫祝儀にまいる例也、庭にすじを劃して界をたて置、品川浅草の乞食の長、松右衛門、善七たちつけ羽織にて、玄関の左右の土間に坐し、式台に手をかけながら、この度は結構なる御役儀蒙らせられ、恐悦《きょうえつ》に存じ奉るよしを申述べる、用人玄関に坐して礼をうくる、さて詞儀おわりて、三芝居の者共御祝儀に参上致候よしを相述、松右衛門、善七は左右に別れ向い坐する時、勘三郎、羽左衛門、勘弥等麻裃にて、門のくぐりより入、土間の界をたて置たる所に坐し、同様に祝詞を述、退出する事なり。

いろいろ役向や扱いに就て変つたこともあるが、その中でも非人頭が挨拶に来るというのは珍しいと思われる。それればかりではない、新任の披露状を首斬朝右衛門《くびきりあさえもん》の所へ遣る。これは山田朝右衛門殿、誰組誰というので、組下の与力両人の名前で、披露状を出す。こういう事も外の役には無いようである。左に全文を出して置く。

以手紙致啓上候、然者此度誰々跡御役火附盗賊改被付候間可被得共其意候、右之趣申入候様、頭申付候間如此御御坐候。以上。

首斬朝右衛門

それから死罪の者があった時同心を使いにして、盗賊火附改の役所から朝右衛門の出役を求める。その手紙も珍らしい物と思うので、文例を出して置くことにする。

明幾日、牢屋敷何時揃に而、死罪の者何人御仕置申付候間、例之通御出役之あるべく候。

以上

月　日

首斬朝右衛門というと、周知だ。あれは町奉行の役人でもなければ、牢屋の役人でもなし、火附盗賊御改の役人でもない。幕府の役人では勿論ない。誰の禄を貰っている人間でもないのである。

一体、死罪、斬罪《ざんざい》等の者の首を斬るのは、町奉行の方とすると、一番年の若い同心の役になっているのだが、盗賊火附御改に致しても、やはり同心の役になっていた。この浪人山田朝右衛門は、何日からそういう慣例になっているのかわからぬが、首斬役の同心と相対《あいたい》で代役を勤める、この代役を御試御用《おためし》といった。それが慣例で相対で代役をする。その時は検使として御徒目付《おかちめつけ》、与力、同心等が牢屋の役人と共に立合うのであるが、皆慣例を承知しているから、別に何とも言う者は無い。

それから面白いことは、当役の同心が実際に首を打つと、刀の研代《とぎだい》として二分ずつ下されがある。それを朝右衛門に譲って首を打たせると、二分は自分のものになるのみならず、朝右衛門は諸家《しょか》から刀を試して貰いたいと頼まれているので、その方から礼を貰っている。だから役を譲った同心には、朝右衛門からも礼金の分前が来る。こんなわけで自然役を譲るようになったのであろう。

牢屋の中で首を打ったのは、獄門になるのもやはり牢内で斬るが、斬罪というのは刑場へ引出して斬る。

死罪は牢屋敷内で首を斬るのである。その外に下手人《げしにん》と言って、死罪になる者があるが、これらはみな首を刎《は》ねる。そのうち試物《ためしもの》と言うと、これにもいろいろ作法があるが、二ツ胴、四ツ胴次などと言って、死骸を重ねて斬る。そうして刃物を試す事になる。

普通試物と言うと、獄門は勿論、斬罪、下手人は試物にしない。死罪になる者だけを試物にする。本来刀劍の試しをするのであるから、試物にしていいと法律に規定してある罪人だけを、朝右衛門が斬る筈なのだが、他の死刑になる罪人をも扱ったらしい。厳密に言えば試物になる者だけでなければならぬわけだ。

麹町平河町の朝右衛門の宅では、金二分ずつ出すと労症《ろうしょう》の薬と言うものをくれた。それには人胆が入れてあると言われていた。果して人胆《きも》が入っていたかどうか疑問であるが、江戸時代にはそう言って騒ぎ立てたものであった。

朝右衛門の宅では、今日は幾人死刑になる者があると言うと、その数だけの燈明《とうみょう》を上げて出役する。一ッ首を打つとその燈明が一ッ消える。ニッ打てば燈明がニッ消える。つけて行っただけの燈明が皆消えると、もうお役が済んだ、と家人が言ったという、怪談じみた話も伝わっている。

朝右衛門が何日から首斬役になったかと云うと、深川霊厳寺の境内にある成等院、これは紀国《きのくに》屋文左衛門《やぶんざえもん》の墓があるので知られている寺であるが、そこに罪人を千人斬ったから、供養のために建てたという、六字名号《ろくじみようごう》を三方に彫った六尺有余の石塔があったそうである。これは只今もあるかどうか知らぬが、承応《じようおう》二年九月一日と書いてあったという事である。

承応二年までに千人も斬ったと言う事になれば、朝右衛門の首斬りも新しい事ではないが、これは直ぐ信じられない、と言うのは朝右衛門には前任者があったという事であるから。

小石川の砂利場に文政《ぶんせい》頃まで御留守居与力を勤めていた鵜飼十郎左衛門という人がいた。場末の事であるから、あまり人の目にもついていなかったのであろうが、この鵜飼の家の茅葺《かやぶき》の長屋門と言うものは――二百石貰っているのだから、そう偉い者ではなかったが、その門桁に大きさ一尺ばかりの定紋《じょうもん》が嵌込《はめこ》んである。丸い形で木で彫ったのであるが、丸の中に一という字である。一体門に定紋をつけるのは、大名衆のことであり大名以外としては、医者の半井大和守、これは幕府の典薬頭《てんやくのかみ》だった人で、この家以外には殆んど無いのに、鵜飼の家は定紋をつけていた。どうしてそう言う格外な事がしてあるかと言うと、この鵜飼の先代は、若い時には新助と言って、浅草の知楽院の忠存の甥に当り、これが浅草にいたが、恐しく喧嘩早い、無法者で、度々斬りつ斬られつの大喧嘩をやり、当時名高い男だった。それが後に幕府の御火の番に召出された。この鵜飼は山野辺吉左衛門の弟子で、据物斬《すえものぎり》の名人であったから、あだ名して「据物斬の十郎左衛門」と言ったという位である。

それは将軍家の御道具御試しの事を書いた物の中に、元禄六年三月廿五日から六月廿七日までに、二十六口《ふり》の御用を勤めて、胴試《どうだめ》しを仰せつけられた、と書いてる。無論これだけではなかったであろうが、たまたま残っている書付にこう言う物がある。

鵜飼は身長六尺二寸、力量は巣鴨第一と言われ、やがて二の丸添番《そえばん》に進んだが、試し物の御用は公儀からだけではなく、頼まれては閣老《かくろう》の下屋敷《しもやしき》へ行って手腕をふるったそうである。諸大名からも続々依頼があった。

鵜飼は牢屋へ出張っては試さずに、屍《しかばね》を自宅へ運ばせた。そこから考えても首斬同心の代役を買って出そうもないし、おのずから見識も備わっていた。

山田朝右衛門は浪人であるし試し物にも牢屋へゆき、だんだん馴合って胴を試すのみならず、首の骨も試すようになったのであろう。鵜飼は牢屋から死骸を運ばせたのであるから、往々に門違いをして隣家を迷惑させたことがあたっので、門違いをさせないために門の桁へ定紋をつけたのであろう。当時の鵜飼は百俵五人扶持の分限であったが、全く別段の沙汰を受けるようになったものと推察される。

鵜飼は元禄十三年に六十歳で隠居して、翌年伝通院の祐天和尚について剃髪《ていはつ》し、名号《みようごう》と袈裟《けさ》を授かり、法名《ほうみよう》を文哲といった。今日では所在が知れないが、その時、喧嘩やら辻斬りやら、壮年から人を斬ったその数も千五百人、供養塔を巣鴨火之番町の自宅の奥と、伝通院開山堂の西後に建てたと云われる。

この鵜飼が山田朝右衛門の前任者だという伝えがある。そうして鵜飼は元禄十三年に隠居して、後任者の山田が承応年間に御用を勤めたというのは可笑《おか》しな話だが、もう何も証拠になる物が残っていないので、どうとも決着する事は出来まい。

御馬先捕

加役の与力が罪人を扱う方法がなかなか違っていた。武家や町家《まちや》に関係のある者は押えても吟味をしない。それぞれに引渡してしまうと言う事は、前述の通りであるから、盗賊火附改が吟味するのは、専ら無宿者になってしまう。それがために、捕縄《ほじょう》で縛ってきた奴に本縄をかけ、手鎖《てじょう》をかけたり械《かせ》をかけたりして、溜預《ためあずけ》にするとか、入牢させるとか、与力の指図でズンズン運んでいく。

これが三奉行の方であると、一々御奉行の指図を受けなければ取りはからわれない。また、盗賊火附改は、踏込んで逮捕するが、大体はゆきがかりに捕えるので、往来中で捕縛《ほばく》する奴が多い。また巡回するのが主な役目だから、目立たぬように忍び廻りをする事が多い。しかも盗賊火附改自身がそれをやる。どの人もやっている。

そうして自身で捕えたものを、組の内では御馬先捕と申している。これも町の事にすると、町の同心が自分の手を下して縛ったのさえ、珍しいように手捕《てどら》えと申す位なのに、これは御先手頭——物頭であるところの火附盗賊改が、自身に忍び廻りもすれば捕えもするのだから、よほど変っているわけだ。

そこで何時々々は何所の方面を巡廻するときまると、組下の者は二三日前から、在方へ行って召捕ってきて、それを御頭《おかしら》の休息される自身番《じしんばん》に朝からくくりつけて置いて、御頭が捕えたことにする。こんな事は町奉行には勿論ないし、町方のこととすれば同心でもやらない。のみならず遠くから捕えて来たのを溜めて置くのは、漁猟《ぎょりょう》の御成《おなり》の時に、鳥なり魚なりを前日、前々日から狩出して置いて、その日に猟があったようにするのと同じで、そういう馬鹿々々しい事もあったのだ。

火附逮捕の場合は褒美が出るので、組の者がめいめいに火附を捕える競争をしたものです。それからすべての頭ではありませんが、自分の馬先捕を多くするために、組下に在方捕を多くさせる人もあった。また吉原であるとか、芝居町であるとか、相撲場、年の市、花火の揚げ場所とかいう所へは、忍び廻りで火附盗賊改が出かけて行く。市中の祭礼は勿論町奉行の与力、同心が出役して、相当取締をしますが、その所へも加役が出て行く。

吉宗将軍が江戸の市外に市民の遊場所を拵えるいうので、飛鳥山の桜と、中野の桃園とが出来て、お花見をされるようにした頃、酔払いとか、暴れ者などが出ては、折角市民が年に一度の春を楽しむのに宜しくないから、特に火附盗賊改に命じて、警戒、巡邏させた。

これは市外で町奉行の支配ではない、従って取締るべき警察官がないからである。またそれを幸いに、江戸廻りを厳しくやって見せたもので、その密行《みっこう》については、長谷川平蔵なども精を出した人である。殊に目明しを使ってはならぬ事になっているが、やはり使わなくてはうまくゆかないので、それぞれ目明しを使っていたのだ。

付人の働き

その外に盗賊火附御改に限って、付人と言って軽罪者を許して使う。常に自分の側に置いて使うのみならず、牢屋の中に入れて罪人の状態を探ぐらせる、なんて事もやった。

この軽罪者とは、主に巾着切《きんちゃくきり》（掏摸《すり》）であって、この風習は明治期の警察まで習慣として残った。犯罪が起きると、巾着切を一種のスパイとして探らせる事を玉を沈めると言って牢内へ状況偵察に入れるのは、一種の囮《おと》り捜査です。巾着切の使用は、巾着切を黙認するという悪習を生じて、巾着切を公認視させるに至った。この警察との闇取引を一番活用させたのは有名な仕立《したて》屋《や》銀次である。彼は巾着切というよりは、その親分であり盗品を売り捌《さば》くづやであったのである。

鳥居《とりい》甲斐守（耀蔵《ようぞう》）が、本庄茂平次を使って、罪人の様子を調べさせた、なんていう話も、この火附盗賊改の付人などから着想したことでしょう。

加役が巡邏する時には、付人という者は無論随行しておりますから、いろいろと差口《さしぐち》をする。世の諺に「付人が悪い」と言いますが、これも火附盗賊改の方の言葉から出たようです。目明しを使うばかりでなく、この付人を上手に使いましたから、長谷川平蔵は捕物が上手だったのです。

本所の住人田沼の浪人で、道場を開いて劔術を教えている人がありました。慈悲深い人だと言うことで、近所の人々にいろいろな物をくれたりして、それこれとその土地のために世話をしている。偉い方だと褒められているのを、それが怪しいといって捕えて見たら、大泥坊であったという話もあります。

佃島

火事場へ行った時に、立派な法衣《ほうえ》を着た僧と武士が立話をしている。それを捕えたら、矢張り大泥坊であった。屋根屋が雇主と何か工事の相談をしているのを聞いて、それを捕えたら泥坊であった。

こういう風に思いもよらぬ不思議な捕物をするのですが、一度も捕り外しが無い。これは岡ッ引を用いる外に、付人の中に間に合う奴がいた為でしょう。これから後は付人が益々発達してきたようです。

元治《げんじ》年間に加役になりました古河近江守は勘定の方から出た人ですが、拝命すると直ぐ浅草の年の市へ行って、少し歩き出したかと思うと、橙《だいだい》を買った。暫くたって数が一つたりない、誰かに盗られた、と言いますと、ついていた付人が、それは私が取りました、と言って袖から出した。その時に古河近江守は、いや、これは無くなったのではない、貴様を試そうと思ったから、一ツ袂《たもと》へ隠したのだ、お前達は急にその場で跋《ばつ》を合せる事ばかり骨を折っている風がある、それで御用が勤まるか、と戒めた。

これは付人が、さそくの良いところを得意にする、その弊を救おうとしたものなのです。

町奉行の監督

火附盗賊改は密行することは多い。時と場所によっては、愈々密行に骨が折れる。大晦日の夜などは、どの火附盗賊改でも、終夜密行するのが例になっています。ですから深川か高輪で初日の出を拝んで、屋敷へ帰りまして、二日に登城するのが定例であった。これは職務に骨を折るためでもありますが、火附盗賊改という者は、常に無罪の者ではあるけれども、非人を屋敷内へ呼込んで置いて、罪人を取扱わせるものだから穢《けがれ》がある。それを憚《はばか》って、元旦登城してはならぬとも言えませんが、登城させぬようにする慣習があったのです。ここの処は大に味合うべき処で、差止めてもいけない、差止めなくてもいけない。こういう工合式《ぐあいしき》の処に、江戸時代の法律制度の面白味があると思います。

吉宗将軍の如きは、物頭たる者に斯様な役を勤めさせたくないものである、前々からの仕来《しきた》りで、是非もないが、これは我本意ではない、と言っておられます。

また、自分の手で捕えて自分の手で刑罰を行うこと、そこに法律上面白くない事がある。これは火附盗賊改には限りません。町奉行にしても、どうも結構なきまりでないから、別に刑罰の奉行を立てた方がよいと言う事を、幕府の有司《ゆうし》中に唱えた者もあった。これは今日の法律に比べて考えますと、大変面白い事になって参ります。江戸の法律制度を調べます上からでも、こういう議論が寛政以前にあったという事は、仲々面白い事です。

それから火附盗賊改が扱います事件、それは捕えるのが目的で、数こなしにどんどんやるのは面白くない。どうもこの御役目は、元来が御先手頭《おさきてがしら》でありまして、御番方《おばんかた》だけ勤めている人ですから、刑政《けいせい》の筋道に暗い人達である。従って罪人の真相を得る事が出来ない。何程悪事をやったか、どれだけ世間を損《そこ》ねた奴か、よく分らない。その上に弁舌があり、智恵のある奴は、うまく言取って軽く済むという事が、この方面に多いのです。

それから無宿者という者は整理しなければならない。盗賊を働いた奴を追放するような事をすれば、処を替えただけで、又泥坊をする。博奕を打って百敲《たたき》になる、敲放《たたきばな》しされて出牢すると、また直ぐ博奕を打つ。

勘当、帳外処分もむやみにすれば、悪者の種をおろす様なものだから、これも何とか方法を考えなければならない。野非人《のびにん》と言って、まだ本当の賤民になりきらぬ窮民がある。これは本当の非人と紛れ易いから、非人改をしなければならぬ、という議論も出てくる。

明和《めいわ》の頃までの処を見ますと、御曲輪《おくるわ》中は万事行届いているから、曲輪外、殊に場末に力を入れて巡邏しなければならない、と言ってきたものでありますのに、安永、天明度の赤井越前守、土屋帯刀などの時分になりますと、ただよく廻るとさえ思われればいい、と言う事になって、御老中以下重い御役人の屋敷の辺へ来ると、一々何の某只今巡回致します、という事を御届けする。こういう事を始めますと、今度は届をする為に廻る様になり、只届けるのが御役、と言う風になりました。

火附盗賊改が怠けたものになりました事は、この間二十年内外の事だったでしょう。寛政《かんせい》になりますと、又ずっと変って、大分働きをした様でありますが、それから間もない天保《てんぽう》度の触《ふれ》を見れば、随分如何がわしい事が多かった様です。この間の記録は伝わっておりません。どんな経過をとってこれ程までに変ったか判りませんが、天保度になりますと火附盗賊改も随分気の毒千万なものになりゆきました。仲々恐れられておったけれども、ただ恐れられるだけで、何の功績も無いのみならず、世の中から軽視される様になっていたかと思われます。

それはどんな触かといいますと、第一に加役の組の者が自身番《じしんばん》から傘、提灯を借りる。その時は町奉行所から鑑札が渡してあるから、それと引替に貸す様に、たとえ見知っている者でも、鑑札が無ければ貸してはならぬ、とある。これで見ると、加役組下の者も、巡邏に就ては町奉行の鑑札を受けねばならぬ有様だったと見えます。傘一本、提灯一ツという様な物を、如何に軽い役人としても、それを自身番屋から借りる事に、こういう制限をつけられる、情無い有様になったのです。

次に加役の組の者だと偽って、押借《おしがり》をしたり、代金を払わなかったり、ねだりごとをする様なのがあった場合には、月番の役所へ召連《めしつれ》訴《うったえ》をする様に、という事を度々触れてあるのだが、一向に訴え出ない、これは町内の物入が多くなるのを恐れたり、その事がむづかしくなるのを遠慮する為だろうと思う、よってそういう入用は町奉行から出してやる、迷惑のかからぬ様にしてやるから、右様の者があったら訴え出ろ、と言うのです。

加役の方に悪い者があったら、町奉行所へ持ってこいと言うのを見ると、まるで町奉行所の監督を受けるようになってしまつたのです。

それから加役の与力・同心の宅へは、どんな係合があっても、町人を呼寄せる事はならない、若し呼出される様な事があったら、月番の番所へ訴え出ろ、町家の内にいる捕物について、盗賊火附御改の方から踏込んで召捕る時分に、町役人が案内するような場合は、早速届出ろ、追込んで来て同様の事のあった場合も、その度毎に訴え出ろ、盗賊火附御改の手先が自身番所へ疑わしい者を預けたり、又そこで吟味をしたり、放免したりする様なことがあったら、それはもっての外の事であるから、その者を召連れて訴え出るように、ということを触れている。

こう云う按配に町奉行所の方から、すべて監督されている様になっている。贋《にせ》の盗賊火附御改の組下の者というのも沢山あったでしょうし、又手先などという者にも、贋者が沢山あったからではありましょうが、それを一々火方の方で調べさせもしないで、皆、町奉行所の方へ取ってしまう。そうしなければ納りがつかなかったのかも知れませんが、火附盗賊御改の方は火附盗賊御改として、自分で所置出来なくなったという事は、これもまた大いに注目せねばならないと思います。

私の手許にある加役御役向留、加役方勤向など数冊だけでも色々巨細《こさい》に勤務に関する事柄が知れる。しかし、それでは江戸法制の調査になって、一般の人には余り面倒過ぎるであろうから、今は大概に申上げて置くことにする。

流石《さすが》に大衆作家に対して、小言幸兵衛《こごとこうべえ》であつた鳶魚翁だけに、話題、逸話が豊富であるが、それにしても少々長く書き過ぎた感がないでもない。江戸期の江戸府内外の治安警備を研究するのには、八丁堀与力・同心以外に盗賊火附御改、本役（加役、増役、定役）を知る事が必要であろう、と思われるのである。

老中直属の盗賊火附御改が本役、定役、加役、増役とあり、その属下の与力・同心が如何なる役割を果していたか、また役柄であったかは一応納得がいかれたと思う。念には念を入れろではないが、他面から盗賊火附御改を考察するために、つぎに多少重複の感あるが、更に「江戸制度記」から盗賊火附御改について掲出する。

火附盗賊改は、江戸市中を巡回して火災の予防、盗賊の逮捕、博徒の取締りに任じた、町奉行所とは別個の独立した機関で、初めは盗賊奉行と呼ばれていた。

寛文五年に初めてこれを置き、御持筒之頭《おもちつづのかしら》と先手組頭《さきてぐみかしら》から出役させたが、元禄十二年に一旦廃し、同十五年に復活させて、此度は先手組頭のみの出役とした。

初は若年寄《わかどしより》の支配で、千五百石高、六十人扶持《ぶち》であったが、後に老中の支配となり千五百石高、百人扶持と改められた。それが何日頃からか、どうも判然しないが元治三年以後の武鑑には、皆老中支配と註されているから、文久二年前後に変更されたものであろう。

火附盗賊改は、慶応二年に廃止になった。

先手組、というものについて一寸書いて置こう。

先手組には御先手弓組《さきてゆみぐみ》と御先手鉄砲組《さきててつぽうぐみ》とがあり、各組には与力五騎乃至十騎と同心三十人乃至五十人が、隷属していた。

弓組は十組あり、鉄砲組は十五組、後に廿四組となった。いずれも平時は蓮池、平川下、梅林坂、紅葉山下、坂下の五門に分番宿直したもので、各組に頭があり、役高千五百石。火附盗賊改は一般には加役と言われ、その方が通りがよかった。

何故、加役というかについては二説がある。一ツは御先手という本役がある上に、別の一役を仰付《おおせつけ》られた、即ち兼務の意味である、といわれる。

一ツは元禄十五年に復活した際に先手組頭一組をもって本役とし、又、爾後毎年十月から翌年三月まで六ヶ月間、特に他の先手組頭一組をして本役の補助をせしめ、これを加役といった、と言うのである。後者の冬季を中に六ヶ月間補助の一組が置かれた事は、文久二年十二月まで継続された。それ迄は出役及び加役という。

爾後は火附盗賊改（盗賊火附御改）と正式の役名になった。以上の事実から見れば、出役に対する加役でも、兼務の意味の加役でも別にむづかしく詮議する程のこともなく、通俗には出役と加役とを引くるめて、かつは火附盗賊改と新職名が出来ても「加役」と呼びならしていたから、出所如何に拘わらず、町奉行に対する加役、先手組という本務に対する兼務の意味の加役と言う風に、一般では見ていたものと解釈すべきであろう。

いずれでもよい話で、江戸の町民たちは、「加役」で押し通し、盗賊火附御改などと長たらしい呼びかたはしなかったのが本当だったらしい。武士階級にも面倒な読み方よりも簡単な加役の方が通用していた。

加役に属する与力・同心は、頗る人気が悪かった。今日では町奉行付のそれと加役のそれとを混同して、一にも二にも与力・同心と見ている傾向があるが、辛辣《しんらつ》であくどかったのは主として加役の方だったと言われている。

今の制度で言えば強力犯《ごうりきはん》係りの様な仕事を引受けていた加役の事だから、その仕事の性質上荒ツぽかったのかどうか、ともかく市民から蛇蝎《だかつ》視されていたものである。

捕物も町方と加役との二通りあったが、町民たちは、町方（八丁堀）を桧舞台の大芝居に、加役の方を菰張りの乞食芝居に見立てていたのも面白い。

俗説として、小説・芝居や、張扇《はりおうぎ》の材料になっているのは、専らこの加役なのだが、人気は八丁堀にさらわれている。何しろ町奉行と違って捕物専門だった上に裁判権を持っていたので弊害百出であった。

それにつき荻生徂徠《おぎゆうそらい》が「政談」の中で書いていること左の如くである。

賊盗賊悪人を搦捕《からめとり》は衛士の役也、当時の与力・同心是也、されども衛士の方にて刑罰を執行と言うことは和漢《わかん》の例なきこと也、仔細は刑罰の権、その手に在と見れば、賄賂して罪を免れんとすること民の常情也、故に衛士は搦捕許りを役にして、是の外の刑罰を司る役人に渡す、その役人の方にて咎《とが》を糺《ただ》して、生すとも殺すともする事也。

然るに当時盗賊奉行の方にて刑罰する故、与力・同心賄賂を取て、心侭に私をすること、是元来仕方、古法に違いたる故也、その上江戸中の武家町方に隠れ居る悪人を知るべきようなき故、目明とやら言う様なる者を囲置て、それにさせて御奉公するより外の仕方なし、その指図をする者、元来悪人なれば様々の悪事をする事、是又兼てより知れた事なれども元来の仕方行届ざるを改めずして役儀を仰付らるる故、御役儀を承る人も仕方に困りて是の如くする也。

と、指摘している。当時、名高かった瓜の仁助という目明しが、江戸市中を締めあげて、賄賂をとり葺屋町の芝居の金方《かねかた》をする程だった。（金方とは芝居興行の出資者、資本家だ）目に余って遂に老中松平《まつだいら》左近将監乗邑《のりむら》が、町奉行の手で瓜の仁助を検挙させ、獄門の刑を行い、かつ目明しという称を禁じ、火附盗賊改の権限を縮少し、町奉行の方にも改革を加えて、吟味する者を与力とし、捕物をする者を同心と分課した。

然し目明しはなくなっても、目明しという事柄をなくすことは出来なかった。目明しという称がなくなってから、手先（或は岡ッ引）とか、御用聞とかいう、それと同じ者が出来たから、その方は一向改らず、町奉行の方でも手先（岡ッ引）には始末におえぬ者が出たりした。

松平左近将監乗邑は、志州《ししゅう》鳥羽の城主で元禄十四年、浅野内匠頭《あさのたくみのかみ》の営中刃傷《えいちゅうにんじょう》の際は十六歳、その時に大名や旗本の狼狽《ろうばい》振りを片腹痛《かたはらいた》いと、大声に叱咤《しった》して大人どもを取鎮めた程の偉者、享《きょう》保《ほう》八年四月老中に補せられ、二十三年間勤役して、延享《えんきょう》二年十月罷めたが、一方では悪くも言われたが、実は賢相の一人として名高い人である。

日本橋魚河岸

江戸市内の警備
――自身番、辻番について――

町の防犯

当時の江戸は町奉行支配下の八丁堀の与力五十騎、同心百人余りで治安維持をしたというが（加役の与力・同心を含）実際は廻り方同心十数人で警戒していた。江戸の広さに就ては、大江戸《おおえど》八百八町《はっぴゃくやちょう》などと呼称誇示しているが、この八百八は、八百万《やおよろず》の神、八岐大蛇であり、義経《よしつね》の八艘飛びの八であるから、余り信用は出来ないし、今日の東京都に較べたら想像外の偏狭《へんきょう》さであった。十五区制時代の東京市よりもやや狭かったと思えばよいと言っておこう。大体江戸自体が狭かったのである。高輪の大木戸以南は江戸ではなかった。両国の橋向うは勿論江戸ではなく、下総国《しもうさのくに》だ。ニツの国に跨がって架っているゆえ両国橋という。海老蔵を襲名した七代目団十郎が、天保十三年に奢侈《しゃし》のため江戸追放を受けて逃避したのが、現今の目黒区の太鼓橋の近くだった。当時目黒は武州荏原郡目黒村で江戸ではなかった。これはちよっと文章で書いても説明し難い事なので、妙な言葉だが百聞一見にしかずで地図を見てみよう。

さて、地図をよく眺めると、江戸には宏大な大名屋敷と旗本屋敷や組屋敷また大名屋敷の広大さは想像外で、水道橋の水戸屋敷なども後楽園一帯（即ち遊園地、野球場、スケート場、講道館すべて）全部がその一部であったのだから想像以上である。大名屋敷のみならず、旗本の下屋敷《しもやしき》でも、今の芝の八芳園《はっぽうえん》が大久保彦左衛門《おおくぼひこざえもん》の下屋敷であったというのだから、驚くべき広さを武家屋敷が占めていたわけである。江戸城も勿論今日の宮城より遙かに広かった。

現在の宮城の外廻りに外堀があったことを見てもわかる。

更に寺社もまた宏大な敷地を持っていた。（寺社の境内の広さも驚くほどで上野寛永寺なども宏大なものであった。芝の増上寺の境内なども今日の何百倍もあり、寺領二十余万坪と称せられていた。現在の東京タワーもプリンスホテルもゴルフの練習場もその一部であったのだからその広さは驚くばかりである）

その上に馬場、火除地等が所々にあるし田畑という耕地さえあるのを、今更の如く発見するであろう。町方町屋と称する工商人の俗に町人と呼ばれた人家の密集しているのは、僅かに銀座、日本橋、浅草ぐらいのもので、それに門前町と呼ばれた、寺社の僅かな借地を入れても、江戸全体の一割に過ぎなかったであろう。この江戸全体の一割が八丁堀役人の縄張内というかその支配下であった。

徳川家康《とくがわいえやす》は天下を平定《へいてい》した、国を治めたというが、将軍家は諸藩に諸国を依托していたのであって、一つの法令が全日本国中に執行されていたわけではないのだ。その証拠として、当時の武士、それも進歩的な武士高杉晋作《たかすぎしんさく》であり坂本竜馬《さかもとりょうま》であろうが、「我が国では」とか「我が国の為に」と言った場合、それは日本国の意でなく、長州藩の事であり土佐藩の事であった。

各藩、大名は独立国であり、その出先である江戸藩邸、上屋敷、中屋敷、下屋敷はその分身であり、幕府にとって治外法権《ちがいほうけん》地であり、今日の東京都に於ける各国の大使館、領事館の如き存在であった。それに準じて旗本屋敷も相当の権威を持っていた。町奉行配下の八丁堀役人にとっては治外法権地であった。それゆえ一度、犯罪者が、武家屋敷や寺社境内へ逃込めばもう如何ともし難かったのだ。それで悪い旗本が中間部屋《ちゅうげんべや》で賭場を開帳し、寺銭《てらせん》を稼いだりしたのだ。この風習法規は、武家（大名屋敷）同士も同様である為にA藩の罪人がB藩なり旗本屋敷に逃込んだ場合には、自由勝手に踏み捕えられなくなる。（この一例として有名な鍵屋の辻の仇討事件も勃発しているのだ）

寺社境内は寺社奉行の支配地で、これも八丁堀役人では手がつけられなかったのだ。勿論、町奉行から寺社奉行へ通じて許可を受ければ踏み込めたろうが、寺社にはそれぞれの高い格式もあったから非常に面倒な事であった。

こうして見ると八丁堀役人が肩で風を切り威張っていたのは、江戸の一割の町家町だけだったのだが、その狭い町方にしても僅かな廻り方の巡回では心細い話だった、そこで何日の時代でも庶民は自衛の為に自衛手段を講じる本能があったので適当な手段を講じたのだ。（民衆の自発的自衛手段でないのは、今日の自衛隊ぐらいのものである。戦力なき軍隊などという欺瞞《ぎまん》的答弁で創立されてしまったが）庶民はまず町に町木戸、長屋木戸を作り、非常の際はこれを閉じて交通を斜断した。

次に町々に自身番小屋を建てた。大名、武家（旗本）屋敷では辻番小屋を建てて、共に町を防衛した。これ等の機構について説明する事にしよう。

自身番と辻番

町内に一宛番所を設け、市中の警戒に備えたのが、自身番《じしんばん》であり、この自身番所《じしんばんしょ》を番屋《ばんや》といった。天保年度の記録によると、大きな町や二、三箇町組合で設けた番所には、番人が五人（家主《やぬし》二人、番人一人、店番《たなばん》二人、昼は半減）小さな町ならば三人（家主、番人、店番といずれも一人宛）いた。幕府から特に命ぜられた番所は一箇所に七人とした。

左に番屋に関連して木戸についても記して置く。

木　戸　番

木戸番《きどばん》は一箇所に二人、夜は四ツ（午後十時）から木戸を締切り、潜《くぐり》から通行させた。締切り後に通行人がある度に拍子板を打ったものである。この拍子木《ひょうしぎ》の音が次の木戸番への通達になったのである。盗賊や狼藉者があって捕物、取鎮め等の場合は時刻に拘わらず木戸を締め、往来を止めた。又物騒な時は大木戸《おおきど》を閉じ、小木戸を開いて夜中を守った。

定廻りと自身番

番屋は、何日頃から設けられたものか判然しないが、享保年間からだというのが信じられるようだ。始めは地主家主などが自身で守っていて、家主或は大家《おおや》の名目が出来てからは、自身番は大家の詰所となった。その外、書役《かきやく》や番太郎《ばんたろう》（番太《ばんた》とも言う）が居た。なお自身番は町方見廻り同心が、犯罪容疑者を喚問し、或は召捕った犯人の下調べ所とした。同心は日々見廻って来たものである。自身番は、町営であるゆえ、町奉行所支配の八丁堀同心とは密接であったが、加役同心に対しては、加役の項で記述した如く、後期には加役同心配下の小者をうとんじるようになったのだ。武家設置の辻番は、幕府瓦解と同時に廃止されたが、自身番の方は暫く存続し、創設された警視庁の補助機関としての役目を果していた。

自身番は、大道に向って九尺二間「何町自身番」と書いた腰高油障子《こしだかあぶらしょうじ》が二枚建ててあったという。

定廻り同心が手先二、三人を連れて、

「番人」と声をかけると、

「ハア」と答える。

「町内に何事もないか」

「へエー」

これを順々に繰返して行ったのだ。

辻　番

町家の自身番よりも早く、武家町では辻番《つじばん》がいた。武家屋敷小路の辻々に番所を建て、非常を警戒し、往来を警察する為に設けられたものである。一万石以上、即ち大名の負担するものを一《いっ》手持《てもち》辻番又は大名辻番といい、万石以下旗本の負担になるものを組合辻番《くみあいつじばん》、又は寄合辻番《よりあいつじばん》と称した。この外に幕府の直営の辻番もあった。

一方辻番は、その藩邸の傍に各自に設けて番人を交替勤務させ、旗本は数家共同して雇人を以てこれに充当し、別に組合辻番頭取というのを置いて監督させた。

各辻番には、突棒《つくぼう》、差股《さすまた》、袖《そで》からみ、を立て並べ、松明《たいまつ》、早縄《はやなわ》を準備し、一手持辻番には台《だい》提灯《ちょうちん》を、組合辻番には高張提灯《たかはりぢょうちん》を点じた。

辻斬防止

寛永六年三月、辻斬《つじぎり》が盛んに流行したので、これを警備の為に設置されたのが辻番であった。だから当時の番人は仲々しっかりした者が多かったというが、天和三年に更に辻番の制度を確立し、番人の数を一万石から一万九千石までは昼三人、夜五人、二万石以上は昼四人、夜六人、一万石以下は昼二人、夜四人と定めた。

享保八年には、万石以下の組合辻番を二十人の町人に請負わしめたが、これは同十二年に廃され旧制に戻った。その町人というのは、多くは家主で、内二人は地借《じがり》だった。なお組合辻番は旗本の負担なのは前述の通りだが、御用人でも望みによっては組合加入を許した。然しこれは文政《ぶんせい》五年に禁止となった。

番人は、辻番を設けた目的が目的だけに、年令に制限があって、二十歳以上六十歳までと定められていたに拘わらず、泰平の打続くにつれ、かつは経費の関係などからして、血気の者を雇わず、大名辻番は弊害が割合に少なかったが、旗本辻番に至っては老人ばかり使うようになり、寒中には前の板衝立《ついたて》の蔭に火鉢を隠して置くようにさえなった。

川柳子から、

「辻番は生きた親父の捨て所」と嘲笑されたのは当然であろう。

「拾遺柳営秘鑑」によると、辻番総数及びその所管は次の通りである。

総辻番数、八百九十八箇所。

内一人勤、二百十九箇所。

組合辻番、六百箇所。

外に拝借地《はいしやくち》辻番十三箇所。左の通り。

小石川御薬園囲り八箇所（御薬園預り支配）

聖堂前一箇所（御目付支配）

牛込山吹町一箇所（御目付支配）
外に拝領地《はいりょうち》辻番三箇所（上野目代支配）があった。これは即ち、
上野車坂一箇所
屏風坂一箇所
谷中通一箇所
また町奉行支配として、牢屋脇土手通り辻番二箇所
床商売髪結等助成にて設けられたる辻番所として、
両国橋一箇所
新大橋一箇所
永代橋際請負辻番所六箇所がある。
別に中番三箇所あり、これは夜のみ番人を置く。
次に「岡本綺堂聞書」から番所についての文章をみる事にしよう。

「綺堂江戸話」より

番屋

自身番は、番屋とも言った、今で言えば交番と警察を兼ねたようなものである。各町内に一ツ

ずつありて、字の如く、昔は家主と町役人とが交代で自身で詰めていたが、それが何時からか代人になり、遂には専門の人を置くようになった。この専門の頭を親方と呼んで、その下に二人から五人ぐらい詰めていた。番屋に関する一切の費用は町内でまかなっていた。構えは往来へ向って、店のようになっていて、棒や刺又などを物々しく置いてある。また内は六畳か八畳ぐらいの板の間があってその真中には柱が一本立っている。これは言わば留置場のようなものである。科人を捕えると、先ずこの自身番へ連れて行って、同心なり岡ッ引なりが、下調べをする。又は夜中に捕えた囚人とか、酔っぱらいを、朝まで留置して置くのにも使っていた。従って同心や岡ッ引の溜りのような役にも立っていた。それればかりではなく、町内の寄合いなどの場合には、集会所にも使っていたのである。なお番屋の仕事としては、火事の場合の炊出《たきだ》しがあった。（聞書）その頃の火見梯子《ひのみばしご》は、自身番の屋根の上に付いていた（これは傍で、小屋の頭上高く聳《そび》えていたという意味であろう。芝居の舞台などでは、そうであり、でなければ設置し難いであろう）

火事があると店の男が半鐘《はんしよう》を撞《つ》くか、または町内の番太郎が撞くことになっていました。それですから半鐘に、何かの間違いがあれば、さしづめ自身番の者が責任を帯びなければならないのです。

自身番の老爺《ろうや》や番太郎には金作りが多かった。（半七捕物帳）

この「半鐘の間違い」とは半鐘を鳴らす原因というか理由についてです。有名なめ組の喧嘩で、火消の女房が、火の見梯子に登って半鐘を叩き江戸中の火消を集めて喧嘩が大きくなった際、あとでその責任の所在を定める時、町奉行と寺社奉行の情けある計いで、半鐘が自然に鳴ったという事にして、半鐘を遠島にしたという逸話が残っている。

辻番小屋

辻番、町家に自身番があった如く、屋敷町には辻番というものがあった。辻番は各屋敷の持ちで、塀の一方を切開いて小屋を作ってあった。辻番では武士に蝋燭《ろうそく》をくれることが習慣になっていたので、武士は提灯の火が乏しくなると、辻番へ行って、「御番人、蝋燭を拝借」と言って貰って行ったものである。（聞書）

大番屋

ここは自身番から、廻わされて来る科人が入るところで、八丁堀にあった。

今の予審《よしん》のようなもので、与力が調べていた。従って此処で返される者もいた。勿論、留置場があった。（聞書）

鳶魚翁聞書

番屋の建物

自身番は、町家《まちや》といって市街地に限ったもので、そのいずれもが大道に向いた、九尺二間の建物で、それに片方に「自身番」もう一方に「何々町」と書いた腰障子《こししょうじ》が嵌めてある。表の柱には短冊型の行燈《あんどん》、これにも片方に「自身番」もう片方に「何々町」と書いてある。

自身番のことは、早いところで宝永五年二月に、伊勢町で新しく拵えた自身番の絵図がある。これはきまりの上では、九尺二間という事になっておりますが、事実は二間に三間位あるのが多かったようです。

享保《きょうほう》十五年正月の町触《まちぶれ》を見ましても、だんだん自身番が大きくなって、建物が立派になるようだから、そういう事の無いようにしろ、畳などは琉球畳でなければいけない、夜番《よばん》の時には炉をやめて火鉢にするように、町の都合によることではあるが、なるべく最合（共同）の自身番にして、町の費用を節約するようにせよ、という事を達して居ります。

それから続いて度々自身番を小さくする事を触れていますし、殊に寛政年間になりましては今まで建て拡げた分は小さく拵え直すように、とまで達して居りますが、これはどうも行届かなかったように思います。

この自身番も、町々の木戸番屋も、明治元年の九月まで残って居りましたが、いずれも皆大きくなっては居りましても、最初きめられたもののような、小さいのはありませんでした。殊に調《しらべ》番屋《ばんや》とも申しましたし、大番屋《おおばんや》とも申しまして名高かったのが、八丁堀の大番屋、茅場町の大番屋、材木町三丁目四丁目の大番屋、——まだこの外にも二、三箇所あったようですが、これ等はずっと建物が大きかったようです。

混同される木戸番屋

そこでこの中にどんな者がいるかというと、第一に書役《しょやく》です。享保六年九月に、町代《ちょうだい》という名称を使ってはならぬ、という達しがありましてからは、書役という名儀になっている。これは自宅から自身番へ通勤しているのですが、やはり家主と同様に、株の売買があった位のものでありました。

大町《だいちょう》と申しまして居付地主の多いところと、小町と申して居付地主の少いところとでは、書役の株の値段が違う、という様な事もあったらしい。書役の給料は町々によって違うのですか、いずれも町入用《まちにゅうよう》のうちから出します。書役の用事としては、三年目毎に出す人口統計、これが最も重要なもので、町入用の割付なども、やはり書役が計算して家主へ渡す。それを家主が地主から取立てて、自身番へ持参する。こう言う仕事をやっておりました。

家主というのは地主の雇人でありまして、元来は地主自身で町の事を色々しなくてはならないのですが、その代りに家主という者を置いて、町務を執るわけなのです。それですから家主というのは、町役人ではありませんけれども、給金は地主から貰って居ります。書役は夜も番屋に居りますが、そう遅くまでいるものではありません。夜になりますと、五人番、三人番なんていうことがある。五人番と言うのは、家主一人、店番といって地借表店、そういう処の者が二人、雇い入れた者が二人という勘定になる。

三人番となると、家主が一人、店番が一人、雇人が一人で、これが毎夜詰めているわけです。自身番の主任とでも申しますか、そういう者は定番でありまして、これは町によっては書役が兼務している処もあり、別に置いてあるところもあります。

自身番としては、定番が二人ずつあるわけになって居りました。自身番には自身番日記というものがあって、町内の事は何くれとなくこれに記して置く。人別帳の如きも名主と自身番と両方にありまして、家主の持って居りますのは、自分の預っている地面内だけの分で、全体のものではない。ですから人口の移動なども、各戸主から家主へ申立て、家主から定番へ申立てる。一方では名主へも申立てるのですが、先ずそういう風になって居りました。

それから封じ紙、これは差紙《さしがみ》ともいいまして、奉行所からの呼出しなのですが、これは羽織《はおり》袴《はかま》の同心が、名主又は定番へ持参する。その時ついて来る供は奉行の中間で、大きな状箱《じょうばこ》へ御《ご》用状《ようじょう》を入れてかついで来る。若し二通ある時は、一通は状箱へ入れて、他の一通は同心が懐中している。夜になりますと、奉行の紋のついた箱提灯《はこぢょうちん》を持ってやってきます。

定番は、こういうものを扱わなければならない。尤も訴訟について番所へ出る時は家主が参りますから、定番は出ないでもかまいませんが、差紙は定番が受付けなければなりません。町入用の割付などでもそうです。大体は地主寄合できめますが、今月の入費は来月取立てるので、これは小間割《こまわり》というけれども、実は坪で割ったものです。毎月場所にもよりましょうが、百坪に就て一貫五百文から二貫文前後のものだったそうです。

定番はこういう用をして居りますから、廻り方（同心）などが来た時でも、そこで取押へる者でもありました場合には、定番が書類や何かを拵える世話をしなければならない。定番が拵えるわけではない、同心が口書などを拵えるのですが、その側について世話をしなければならないのです。

番太の内職

近頃の人は、この自身番というものと、町木戸の木戸番とをよく間違えるのですが、昔は町々に町木戸という物がありまして、冬から春へかけては、夜の四ツ（午後十時）限りで閉めて、その後は潜りから出入させる。

若し怪しい者が潜りからでも出入すれば、木戸番が拍子木を打って、次の木戸へ知らせる、又捕物でもあるような場合には、町木戸を締めます。そういうことは町木戸の番人がするのですが、御成でもありますとか、何か警戒でもする必要があります時は、金棒《かなぼう》を引いて歩いて町中へ触れる。

それから火の見（梯子櫓《はしごやぐら》）は木戸の側にありますから、火事があった時には半鐘を打つ。またそういう用事がある為に拍子木を打って夜警をする。それが木戸番の仕事で、この木戸番のことを番太郎といい、番太とも言っておりました。番太郎は通勤するのではありません。この番屋に住って居りまして、そこで自分の職務を勤めるわけです。ですから大概は焼芋屋をしたり、駄菓子を売ったり、荒物屋みたいなことをしていた。

給料というものは極く少ないのですから、特別に町の方からこういう恩恵を与えていたのです。焼芋屋は火を扱う商売ですから、文句のあり勝なものですが、番太郎は町内の用を勤めているので誰も異議を唱えない。焼芋屋は番太郎の専売のようになって居りました。女の子が赤い帯を締めていると、男の子供が番太郎の肉桂みたいだといって、からかったものです。番太郎の所では子供相手の一文菓子や姫糊《ひめのり》や荒物を売っていました。番太郎は本職より内職の方で知られておりました。子供のみならず、番太郎で買ってこいなどと親も言ったものです。この番太郎と間違えられては困るのです。町内には自身番があり、又、木戸番があったのです。

大番屋預け

廻り方（同心）が自身番の所へ参りまして、何事もないかと聞いて、何もなければそれまでですが、あれば中へ入ります。

又、諜者《ちょうじゃ》なども廻り方の来るのを待っていて、ここで密告する事があります。これを差口《さしぐち》といい、直ぐ捕える必要があれば、踏込んで行かねばなりませんが、その時は町役人（家主）を案内にして、小者（岡ッ引）に縛って来いと命令します。さもなければやはり町役人に言付けて、出頭を命じます、いずれにしても廻り方の同心が、自身で出かける様な事は大抵ありません。踏込んで縛るにしたところが、別段な騒ぎはやらないで、すぐに縄を打ってしまう。じたばたさせないのが手際なので、そういう場合に抵抗することは滅多にない。手強い取籠《とりこも》りならはともかく、さもなければ大した騒ぎになることは先ずないといっていいのです。

それから呼出して調べる場合に致せ、縛って来た場合に致せ、自身番屋で一通り調べて見ます。尤も巡回中に挙動不審で押えるような事もありますが、その時は一番近い自身番まで引張って来て、自身番の中で調べる。八丁堀の同心連中の中には、「背中へ胼《ひび》をきらせた」という言葉がありまして、何しろ十二歳から見習に出て、二十年、三十年の功を積まなければ、廻り方まで行かれない。その間に仕損《しそこな》いがあれば、勿論そこまで行かれません。

炎天寒夜《えんてんかんや》の嫌いなく、雨風に吹きさらされて苦労する。廻り方といって威張る頃までには、背中へ胼も切れましたろう。そういう苦労をして、大勢の囚人を取扱って居りますから、廻り方にぼんくらな奴はいない。自分の仕事にかけては、随分功名を急いだところもありましたが、それでも滅多に捕違いとか、調べ損いとかいう事はありませんでした。

廻り方は自身番で一応調べて、町内預りにするとか、放免するとか、「送り」と申して牢屋へ遣るとか、そういうことをテキパキ片付ける。「送り」ということになりますと、ただ自身番へ置くわけに参りません。そういう嫌疑者を置ける所へ持って行かなければならない、そこで大番屋まで引張らしてやる。

この大番屋までは、自分の連れている小者に縄をとらして、町役人付添で送るのであります。又、そうでなくても、小泥坊のような者でありましても、大勢係合があるようなもので、一応それを調べて見なければならない、というような場合でありますと、普通の自身番では小さいから、大番屋でないと大勢調べるのに勝手が悪い。そこで大番屋へ行くようになる。従って大番屋には調番屋などという名も出てくるわけです。

入牢証文

係合の者も少なく、テキパキ事がわかれば、直に伝馬町《てんまちょう》の牢屋へ送ったらよさそうなものだと思うかも知れませんが、昔にしました処で、牢屋へ入れるというのは軽い事ではない。如何に相手は町人どもでも、容易ならぬことでありましたし、又、牢屋の方にしました処で、如何に定廻《じょうまわ》りが召捕った者であるにしても、入牢証文《にゅうろうしょうもん》という物がなければ伝馬町で受取りません。

入牢証文は、同心が調べて、すぐに同心の手で拵える、というような造作のない物ではない。入牢証文を拵える間は、犯人を留置する設備のない並の自身番ではいけませんから、どうしても大番屋へ預けて置くより仕方が無い。その入牢証文はどうして出来るかというと、定廻り同心は囚人を大番屋へ預けて置いて、夜分になりましても、すぐに奉行所へ取って返して、一件書類を出して入牢証文を請求するのであります。それには町奉行の御用部屋《ごようべや》――今なら官房《かんぼう》とでも言いますか、町奉行の公用人のいるところです。ここに御用部屋手付の同心が十人いる。手付の同心は官房の事務を取扱うもので、手付の同心といえば、必ず御用部屋の仕事をする者ときまっている。

手付というのは御用部屋付のことで、町奉行所に付属する組同心を手付とは申しません。ここへ一件書類を出しますと、それが吟味方へ廻る。吟味方の方ではその書類を見ました上で、御用部屋から出た入牢証文を当番方へ渡す。それからその入牢証文が、伝馬町の――今日で申せば典《てん》獄《ごく》ですが、御牢奉行《ろうぶぎょう》の石出《いしで》帯刀《たてわき》に渡される。これがどうしても一日はかかりますから、その手続を済す間、どんなに早くても一晩は、囚人を大番屋へ預けて置かなければならないのです。

右の文で言う囚人とは容疑者の事である、というのは大番屋から入牢するのが吟味入牢という事になるのであるから、吟味即ち本格的取調はそれからなのである。

大番屋は今日風に言えば、留置場で、それから未決入獄という事になる。

判決までの取扱いは、検束《けんそく》、拘留《こうりゅう》、吟味入牢、どれでも相当荒ッぽい乱暴な取扱いは八丁堀でも、加役同心でもそれぞれの配下の目明しでも相当なものであった様である。そしてこの大番屋などで、その猛威を振るわれたのであろう。「ちょっと番所まで来て貰おうか」とか、「おい生言うと大番屋までショ引くぞ」なんて言われると庶民は慄えあがり、下ッ端の手先でさえも随分睨みが利いたものであったのだ。

　さて、捕物にいよいよ出かける時の状況は後でまた詳述するが、何れにも与力は、同心の働きを監視するために行くのであって自捕捕物に手を下すものではない。

　与力は一騎、二騎とかぞえる馬上のものであるが、何日の時代からか乗馬で出役することはなくて、槍一本持たせて出て行く。もし相手方が逃走でもするような場合には、その槍で逃さぬように防いで、同心に押えさせるように手伝ってやる。芝居でも、一渡り烈しい立廻りがあって、捕手《とりて》を追い込んでしまうと、次に槍を持ったいかめしいのが出て渡り合うことがある。あれが検使である与力の役を見せるところである。舞台でも、決して相手を突き殺すようなことはしない。ただ槍であしらっているだけのもので、与力の役廻りをよく表現している。

　大衆小説にある何某捕物帳というと、同心や目明したちまで何か記録しているように思われるのであるが、今日の警察手帳のようなものが、あった訳ではない。昔の捕物帳というのは、奉行所から捕物のために出動した記録であり、その際に負傷した者があれば、皆捕物帳に記載されたものであった。

捕物の俗説

近頃の映画やテレビの捕物帳なるものを見ると、よく奉行所の門を八文字に開いて、御用提灯を持った捕方《とりかた》の大群が続々と押し出して行くシーンがあるが、あんなのは全くの絵空ごとであって、南・北両奉行所には、あれだけの捕方など抱えていなかったのである。大体、江戸期二百六十余年間にそれ程の大捕物は幾度もなかったであろう。

先ず、大事件として指を屈するは、慶安《けいあん》四年七月の由井正雪《ゆいしょうせつ》謀反《むほん》事件であり、この際に江戸での捕物は、在江戸の一味の巨頭丸橋忠弥《まるばしちゅうや》召捕であろう。これについてやや実際に近い文献としては「徳川実紀《とくがわじつき》」の三代家光《いえみつ》の慶安四年（一六五一年）七月二十三日のところを見ると、（以下、長谷川伸《はせがわしん》著「素材素話」より引用させて頂く）

「この晩本郷の浪士丸橋忠弥の謀反が訴人《そにん》あって知れ、急に町奉行石谷十蔵貞清が向かい、忠弥と徒弟《とてい》三人、忠弥の妻子を召捕って獄に繋いだ」

こう簡単にでている。これでは余り物たらなすぎるから宝永《ほうえい》六年（一七〇九年）十二月付序文のある「武野燭談《ぶやしょくだん》」を見よう。

「忠弥は十文字槍の術に長じているが、性質は軽卒でシマリがないと知った町奉行連が、ワザと深夜に忠弥の隣家に人を配置し、その二階の戸口にも人を配置し、大竹を割って音を立てて

「火事よ火事よ」と騒いだ。忠弥は近火と心得て二階の戸をあけ覗くところを、踏み込んで忽ち搦め捕ったとある」

これだと、実に少人数で同心の手で苦もなく捕押えているようだ。

これより後期の物語本によると、

「忠弥の居宅《きょたく》は本郷御弓町の幕府の中間頭大岡源左衛門屋敷の中で、別ないい方に拠ると、神田お茶の水の上の方の吉祥寺門前ということになる。召取りの状況はというと、捕り人の側はワザと提灯を消し、暗い中で屋敷を包囲し、一同で火事よ火事よと騒ぎ、門を越え屋根にのぼって騒動したので、忠弥はこの計略に引ッかかり、刀もささず、火事はいずこぞ、と出たところを石谷将監組の同心菊地源左衛門が組みつき、続いて数人が手取り足取り難なく召捕った」と、こうなる。

これでも余り安直だし人数の程も判らないからもう少し詳しく知ろうと思うと蜀山人の「一話一言」に写しがある。それに依ると、
捕り物は七月二十三日の夜でなく、一日後の二十四日の夜で、居どころも御茶の水の御中間町で、石谷左近将監十蔵貞清と神尾備前守元勝と、両町奉行配下の同心二十四人が、一の手と二の手に分れてかかり、一の手だけで忠弥を捕縛している。

その後の褒賞が石谷将監役宅で行われ、出座の久世大和守、牧野佐渡守（老中）から一の手と二の手の者に、幕府の褒賞銀が与えられ、石谷将監からは、一の手の者には時服《じふく》二つ、二の手の

潮見坂

者に時服一つを褒美し、別に石谷配下の同心匹地六左衛門に銀八枚と刀、堀江喜左衛門、辻小兵衛、原兵右衛門に銀六枚と脇差《わきざし》が与えられ、又、一の手の検使神谷金太夫、羽田長右衛門にも褒美があったとある。

（註、前の菊地源左衛門は、匹地六左衛門の間違いらしいが、褒美の金品が第一位に該当するからだ、だとすると堀江、辻、原は匹地に続いて忠弥に飛びかかった者であろう）。

肥前平戸藩主であった松浦静山《まつらせいざん》の「甲子夜話《かっしやわ》」になると、

「一番が匹地、二番が堀江だけで」辻、原は神谷、羽田と共に一の手の検使となっている、検使だとすれば与力であろうから、捕物には直接手を下さない事になっているから、自然と違ってくる。今日の芝居、映画、テレビ劇ではないが、昔でも実名小説ともなれば、大分フィクションが入り、面白くなる。「慶安太平記」になると次の如くなる。

七月二十四日の夜半、捕り人の与力・同心六十余人が、家を包囲し、門を掛矢《かけや》で打って門を落し、火事よ火事よと喚いて、ドッと押入って、忠弥は一重帯に三尺一寸の枕刀《まくらがたな》を差し、火事はどこぞと出たところを、馬場弥吾右衛門が組みついたので、左り足で蹴って三間ばかり飛ばせた、為に馬場は肋骨三枝折り即死。次は遠藤文六、逸見新右衛門が抜きつれて斬ってかかると、忠弥はくぐってうしろに廻って二人を四ツに斬り倒し、といった具合で、忽ち捕り人の即死負傷十三人に及んだ。そこで用意の目潰《めつぶ》しを投げつけ、忠弥の眼が眩んだところで捕縛したと、こう云う事になっている。

忠弥の役は大層ハデになっているが、捕り物としてはこれでは落第、石谷将監ぐらいの人物が指揮をとっていれば、かかる捕り物はない筈。この書き方は「阿部一族《あべいちぞく》」（森鴎外《もりおうがい》）にあるような上意討《じょういうち》のやり方で、捕り物のやり方ではない。それよりもっとハデな忠弥捕り物の例は、講談風読み物で斯波南叟《しばなんそう》の「丸橋忠弥」だ。

「八丁堀の同心で人に知られた間宮三郎、馬込弥右衛門、土方宰三、遠藤市蔵、松尾金七郎、根本謙太郎、当川惣左衛門はじめ、総勢三百余人」となっている。大分今日の映画、テレビ劇風だ、二十四人や六十余人などと言っていない。捕物の立廻りになると、

「忠弥は先祖伝来の伯耆守安綱の名刀を腰に、天九郎勝長の長槍を手に玄関に現われると、馬込が組みついたので槍を棄て、引ッつかんで玄関の柱に叩きつけた、為に馬込は頭を割られて即死した」となっている。前のでは投げられただけ、次は肋骨三枚を折られて即死、今度では柱で頭を砕かれて即死と、こう変化をみせている。

八丁堀の馬込の屋敷ではそれ以来、代々、玄関を忌みてつくらなかったと、如才なく話に追込みを掛けている。それから先は忠弥の乱斗で、捕り人を刺し殺すこと四五十人、終いに屋根へあがって乱斗し、そのうち左り足が瓦から天井まで踏み抜き、漸く捕縛というハデさである。

瓦屋根から天井を踏み抜くとなると、忠弥の左り足は余程の長さだということになる。

こういった面白さを面白いと受取るには、読者は今ぐッと進み過ぎている。但しアチャラカ小

説ならば別のことになる。
忠弥の捕り物異説が「甲子夜話」である。

忠弥を吉原の庄司治三郎が吉原へ連れ出し、酒と女とで欺し、布団鬼という遊びをやり、忠弥が鬼に当って布団巻になったところを捕縛したとある。

これは吉原の見番《けんばん》大黒屋勘四郎の家伝の話だというのだが、同書のもっと先の方へゆくと著者の肥前平戸の前藩主松浦静山は、これを前に「一話一言」と共に引いた「甲子夜話」の記事をもって訂正している。

前のは「世間の口」が作る訛伝《がでん》である、がこの訛伝がうまくツボに嵌ると、実相の方がケシ飛ばされる。

丸橋忠弥の捕り物と同じように大捕り物は、八代将軍期の矢張り一種の謀反である将軍の落胤《らくいん》天一坊事件《てんいちぼうじけん》であろう。これについても、長谷川伸著「素材素話」からそのくだりを引用させて頂くことにする。

幕末から明治へかけての人情噺の大家で、春錦亭柳桜《しゆんきんていりゆうおう》の「実説天一坊」という速記本でみると天一坊召捕りのところは、町奉行所へ召喚して大岡越前守が問い詰めるというのでなく、大坂から天一坊が江戸に向かい、川崎宿に泊り、翌朝出立したところを捕縛ということにしてあり、なかなか大がかりで、南北の町奉行所連合で南は大岡、北は諏訪美濃守が品川宿まで出張って指令を出し、与力・同心・御用聞き残らずが川崎・品川・江戸とに配置され、川崎宿では商工の家業を一時止めさせて、横丁露地など竹矢来《たけやらい》を組んで、召捕りをのがれて逃げ込む先を封鎖し、江戸の消防一番組と二番組二百余人が火災防ぎの名目で召集されて川崎宿にくり込み、という派手なことになっている。

天一坊の方はその朝、将軍吉宗の落胤という証拠の紋付《もんつき》と守り刀を、六人で護って、渡し舟で一ト足先に六郷川へわたり、対岸についたところで六人は捕縛、紋付と守り刀は押収、そのアトで天一坊が乗り物で渡し場へくると、待ち伏せしていた召捕り隊がとってかかる、天一坊の供の多くは逃げ惑ったが、二百余人の鳶《とび》の者が鳶口《とびぐち》をもって包囲しているので逃げられず捕えられる。

その一方で赤川大膳実は藤井六之助と山村甚之助実は蝶々小僧喜三郎とが、刀を抜いて狂いまわったが遂に召捕られ、常楽院天忠その他はたわいなくお縄頂戴、天一坊も同様ということになっている。

天一坊実は法沢は藤井六之助の倅で、藤井六之助は水戸の光圀《みつくに》が手討ちにした藤井紋太夫の倅、ということにしてあるのだから山内伊賀亮は出ず、偽せ落胤に投資する住友左馬之助実は水戸浪人香川喜十郎が別に登場している。随って伊賀亮と大岡越前守の網代《あじろ》（乗輿《のりごし》）問答はなく、天一坊が名乗りをあげた大坂で赤川大膳実は藤井六之助が、大坂城代土岐丹後守と網代問答をやったことになっている。

大岡越前守の紀州さぐりも池田大助などでなく、大岡は将軍の内命をうけて、紀州生れの山田惣助を派遣し、惣助は死亡した本物の落胤の位牌《いはい》を見つけ出し、江戸源助町赤川全竜と書いてある易書《えきしょ》の古いのも手に入れた。この赤川全竜の前名が藤井六之助で、赤川大膳はこの易者が化けた者と、こういうことになっている。

山内伊賀亮が八ッ山《やつやま》の天一坊の旅館で、星を仰いで野望の破れを予知して自殺する、という劇的なところはない。尤もこの伊賀亮高輪旅館の自殺は、由井正雪が浜松で自殺したのをタネにとったと思える。

それはさて、大坂から初めて東下《とうか》してくる天一坊を、江戸へ一歩もはいらせず、六郷川の向うで捕縛という趣向は、将車の権威をそれとなく示す、柳桜の江戸びいきの現われかも知れない。柳桜となる三代目麗々亭柳橋《れいれいていりゆうきよう》を襲名したのが彼の二十四才の嘉永五年、徳川幕府が全く解体した明治元年は四十歳で、六十九年の生涯の過半が江戸時代であった彼だから、徳川びいきであった筈である。

その人の過去と時世とは、筋立てに影響なしではいないものらしい。(以上)

こう結んでいられる叛骨作家長谷川伸の文章も、三田村鳶魚翁の文章とのちがいが無意識にある。八王子同心の家に生れた鳶魚翁は、将軍に関係あるものはすべて、「御」をつけている。「御馬」「御中間」に至るまで、ところが長谷川伸の方は、将車の紋付にも守り刀にも「御」をつけてない。

それからこの文章を見ても、品川は勿論、高輪も江戸でない事を示している。これは初めに編者が書いた徳川期の江戸が東京より遙かに狭かったという実証になろう。

品川は天領《てんりょう》即ち代官地なのである。南北町奉行が品川まで出張したのは支配地以外に遠出出張した事を意味して事の重大さを現わしているのだ。

大分、興味本位になってしまったからここらで再び文献に戻る事にしよう。

八丁堀の捕物出役

捕物検使出役

捕物は同心の役であり、与力は手をつけなかった。それでも江戸市内に乱暴狼藉を働く者とか、閉籠《とじこも》りといって、犯人が或る家の内にたてこもって、一寸手に合いそうにない場合とかは、届出によって町奉行の指揮次第では、当番方与力一人が平同心三人を引連れて出向いた。それを捕物検使出役といっていた。略して捕物出役というのだが、犯人が多ければ与力も同心も数を増したことは勿論である。

当番方与力というのは、分担のない者が順番に御番所へ詰めていることになっていたもので、庶務受付及び宿直をする。

当番方は与力二人、年寄同心（故参）物書同心（書記）各三人、それに分担のない同心（これ

実のところその捕物出役も明和《めいわ》の頃まで、それ以後は与力が出役することは無くなった。
を平同心といった）とこうあった。

水盃で出役

奉行の指揮で与力が出役するということになると、継裃を改めて着流しになり帯の上へ胴締をし両刀を帯する。手拭で後鉢巻、白木綿の手襷、ジンジン端折《ばしより》に尻からげして草履を穿き、中間に槍を持たせ若党二人、草履取一人を連れる。

槍持は、共襟《ともえり》の法被《はっぴ》に丸ぐけの結び切り帯、草履取は勝色《かちいろ》無地共襟の法被に綿を芯にした梵天《ぼんてん》帯《おび》、供の法被は勝色で背中に大きな紋が一つついている。いずれも股引《ももひき》は穿かない。

同心は麻裏の鎖帷子《くさりかたびら》を着込んだ上へ芝居の四天《してん》が着て出るような半天、股引をずっと引上げて穿く、これは下の方が脚袢《きやはん》になっている。前を合せて帯を締め、小手脛当《こてすねあて》、鎖の入った鉢巻に白木綿の手襷、足拵《あしごしら》え、それに平常は両刀なのだが、捕物に出る時は刃引《はびき》（長脇差《ながわきざし》）一本だけだ。

同心の供をするのは「物持」といったが、これは紺無地の法被に目黒縞《めくらじま》か千草の股引をはいている。

出役の仕度が済むと奉行の前へ呼出され奉行から与力には、検使に行け。同心には十分働けといいつける。

そして桐の実を三宝《さんぼう》に載せて出し、水盃《みずさかずき》をする。（これは明和《めいわ》度の定めだそうだ）それから与力は、一番手、二番手と捕者にかかる同心の順序を定め出役一同が奉行から表玄関まで送り出され、表門を八文字に開かせて堂々と繰出す。勿論、手先が同心についてそれぞれ出動する。こんな場合でも与力は、検使という立場で捕物には手を下さぬ、万一手に余った時は、槍でわたり合って犯人を疲れさす程度のことしかしなかった。同心でも余程の時でないとドタバタと捕物に騒ぐことはしなかった。騒がないでも召捕るだけの修練を積んでいなければ恥辱とされていたのである。手先でも平常から鍵縄や十手の稽古に憂き身をやつしていたものだ。立廻りは余程手強い対手でないと見られなかった。(ここで言う手先とは、町方のいわゆる岡ッ引とか目明しではなく、奉行所直属の小者といわれるものの意である)

朱房の十手

捕物につきものの朱房の十手は、実は与力・同心の持ち物で、手先の十手には房がない。それを赤いどころか酷いのになると紫房のついた十手を持たせたりするのは、いわゆる娯楽小説の作者の無知である。もう一ツ、手先(目明し、いわゆる、銭形平次や半七)は勝手に捕物は出来ないことになっていた。必ず同心の許しを受けてから検挙したのである。

現行犯など突然の場合は知らず、その他は勝手気ままには出来なかった。

平常、廻り方(定町廻《じょうまちまわり》、臨時見廻、隠密廻《おんみつまわり》、いずれも同心)は、毎日南北両奉行所から出て、大凡四筋ほどに分けて交互に巡回したものだが、それに供をした手先が、途中で挙動不審の者を取押えるにしても同心の許可を要した。

番屋送り

捕物で捕えた犯人は、町奉行から入牢証文を貰って伝馬町の牢屋に送るのだが、これは捕物出役等が奉行から命令があった特殊のもののことで、一般のものは左様に簡単ではなかった。

定町廻りが途中で捕えたり、町役人や手先（目明し）の届出や密告で召捕ることもある。又、差口といって目明しの子分からの密告で召捕ることもある。又、召捕で（同心は手を下さず大抵の場合は手先が出向いて挙げた）いわゆる引くくるのである。

あるいは出頭を命じて一応は自身番で廻方が取調べた。その上で放免にする者、町内預にする者、送りにする者と、即座に処置を定め調書を作り、送りと定まれば大番屋といって留置場へ、手先と町役人を付添わして送る。大番屋は江戸市中に七、八ツあったというが、名高かったのは茅場町《かやばちょう》と三四（本材木町三四丁目）の番屋だった。一方、廻方は町奉行へ一件書類を提出して入牢証文を請求する。

町奉行の御用部屋には、手付の同心が十人詰めていた。公用人というのがそれで、それを経て、一件書類は吟味方へ廻り、入牢証文は当番方へ渡る。入牢証文というのは伝馬町の牢屋奉行石出帯刀に交付する公文書なのだ。

拙者組同心誰、市中見廻の節、怪敷者と認め召捕来り候、一通り取調候処罪科疑敷候に付仮に入牢申付。

と書いてある。そこで大番屋から牢屋へ移し吟味方で一調べ済むと、入牢証文が変るのである。牢屋の帳面には何年何月何日入牢、何年何月何日再入牢と記載される。前の入牢は嫌疑で、再入から刑事被告人になったわけだ。初めの入牢だけなら免訴となった事を意味するが、再入牢になると、吟味詰《ぎんみづめ》といって、出来上った調書へは口書爪印を済ませ奉行の申渡まで行かねばならぬ。

捕物の話

芝居話

斬合の興味というものは、実際面白くないものだけれども、歌舞伎では面白いようなものにしてやっている。それはどういうのかと言いますと、従来はこれを「立廻《たちまわ》り」といいまして、その方を担当する役者をタテ師（殺陣師《たてし》と呼んでいます）という。これには又いろいろな法則や規則があり、特別な名称もあります。衆知のものだけでも、

千鳥、大廻り、むなぎば、腹ぎば、横ぎば、ぎば、入鹿腰《いるかごし》、ひともかえり、ニッがえり、つづけがえり、逆立《さかだち》、杉立《すぎたち》、そくび落し、胸がえり、手這、猿がえり、あとがえり、重ねどんどん、

飛越《とびこえ》、ほくそがえり、死人がえり、かわむき、水車、一ッとこがえり、仕ぬき。なんていう名目が伝えられて居りますが、このうちの「ぎば」というのは宙返りをすることなのです。こういういろいろな名目があります通り、立廻りの仕方もいろいろある。それはただ人を多く斬るだけでは面白くないから、斬られる方の人間どもが、いろいろなことをして引立ててゆく。そこでその方にタテ師というようなものも出来、中通りの役者は「蜻蛉返り《とんぼがえ》」ということを必ず知っているのであります。

一体「蜻蛉返り」という名は、進んで来た位置で、そのまま後へ退ることが出来るのは蜻蛉だけで、その他の動物には無い、そこから起ったものだという。

前記のように色々な名目はありますが、もとはといえば「蜻蛉返り」一ツで、それから色々に変じてきたのです。ただ斬るだけでは興味がないから、斬られる方へ趣向をつけて、いわゆる舞台効果を多くする。そこの立廻りなるものは、如何にもそらぞらしい、馬鹿々々しいものでありまして、考えたらとても見ていられるものではありません。

ところで昔の芝居即ち歌舞伎の方で、この立廻りを最も利用したものは捕物であります。剣劇の方でも、例の探偵趣味で、しまいにはそこまで行かなければならないから、どうしても捕者になるのですが、特に歌舞伎の方では、最も立廻りの烈しい、人間が多く出るのは捕者に限られている、と言ってもいいように思われます。

歌舞伎がそういう大立廻りをやることは、本当の斬合が世の中から全然無くならぬ時で、実際から引張られるところがあったのですが、それで何分の興味があり、相当な効果を収めている。それですから、あの無茶苦茶な剣劇のやり方でも、実際から引張られることの無い今日では、子供らしい興味には相違ありませんが、これを面白く見る者があるというのも、或は無理でないかも知れません。（中略）歌舞伎の方で立廻りを見せる場合には、主役になる者よりも、蜻蛉返りの方が見せものなので、それが舞台の変化、局面の転換とでもいいますか、そういう方に効果があったのみならず、又頗る舞台面を賑かすものもあったのです。

蜻蛉返のはじまり

ここで第一に思い出すのは「壇浦兜軍記《だんのうらかぶとぐんき》」これは享保十七年の新浄瑠璃であるが、この中に捕物の一章がある。無論この浄瑠璃は人形芝居にかけたので、人間のする芝居ではないが、その文句をよく読んで見ますと、捕者の舞台面がよくわかると同時に、蜻蛉返りも人形がやっていたことがよくわかります。

物ないわせそ、打すえて引くくれと一番手、十手振り上つつかかる、さしったりと飛違え、ゆがめし竹の片手をば放せば真向より、かたはなかけハッしとはじかれ、眼くらんでタヂタヂタヂ、よろばいたどり引かえす、二番手は刺又《さすまた》を取たと突出す、狙いをはずし、沈んで裾をはねさすれば、向う脛をあいたしこ、真逆さまに、でんぐり返り、すきもあらせず三番手、突棒《つくぼう》取のべ、まいて捕んと突出す、心得たりと身をかわし、つつと入て、すてっへい微塵になれと、しっぺいはじき、突棒がらりと投捨て、べったり土につく這たり。一人がかりは叶わじと、大勢四方を取廻し、乱かかるをこと共せず、脛ぼねかた骨、当る所を幸に力有たけ、人有たけのふしを砕き、手を砕き、心を砕いて凌ぎける、され共防ぐは只一人、終に大勢おりかさなり、押えて縄をぞかけにける。

又延享二年の「夏祭浪花鑑《なつまつりなにわかがみ》」などを見ると、「母者人が、とんぼう返り仕やろう」とあって、蜻蛉返りという言葉が使われています。

歌舞伎の方では、捕者の場合に限らず、蜻蛉返りする者を「トッタリ」と通称して居ります。「トッタリ」というのは「捕らえたり」ということで、無論捕者の話でありますが、此等の言葉は人間の芝居に発生したものではなく、人形芝居から起ったのではないかという疑がある。そこでこの方面に委しい伊原青々園《いはらせいせいえん》君の教えを求めましたところが、同君の説明は次のようなものでありました。

「立廻りの事は記録に乏しいが、元禄時代の評判記に「太刀打の名人」という言葉が沢山ある。その重立った一人としては「非人仇討」の荒木与次兵衛の如きも数えられている。広い意味から言えば、太刀打といえば立廻りのことになる。遡《さかのぼ》って能の方を眺めると「夜討曽我《ようちそが》」などというものは、立派な立廻りである。歌舞伎はそれから転じて早くから立廻りがあったのではないかと思う。

その文献としては、明暦元年の八月、江戸の山村座《やまむらざ》で「曽我十番切」をやった時、鎧出立の十四、五人が舞台へ出て立廻りをして、日々大入であったことや、元禄三年の二月の中村座《なかむらざ》で、団十郎の荒岡源太が大勢の捕手と立廻りをする。それが大当りであった。というような記載もある。

それからトンボの方になると、愈々書いたものが見当らない。だが自分の考では、能の方に「仏倒れ《ほとけだお》」といってはずみをつけないで、身体がそのまま、そこに倒れるという仕方がある。これはたしかにトンボの一種である。その次は人形の方で、「太閤記《たいこうき》」の鈴木孫一が腹を切るとトンボ返りをする。これは人形では死の苦悶などという、こまかい表情が出来ないから、ああいう倒れ方をしてそれを見せる。

歌舞伎には「平馬返り《へいまがえ》」というのがあって、菅原の天拝山で、鷲塚平馬を道実が梅の枝で打つと、トンボ返りをして死ぬ。また「布引《ぬのびき》」で妹尾が自分の首を自分の刀で斬ってトンボ返りをする。この二つは歌舞伎だけれども、浄瑠璃から出たものだから、人形の型を取入れたものであろう。

能と人形と歌舞伎と、どれがもとであるかわからないが、トンボ返りは随分古くからあったものと思う。それからトンボ返りは軽業《かるわざ》のようなところがある。軽業が歌舞伎へ入ったのは、何時からかわからないが、面白いことには阿国歌舞伎《おくにかぶき》以来、あらゆる見世物から、皆歌舞伎へ取入れているので、トンボ返りもその頃からあったものじゃないかと思われる。

又、支那の芝居の影響も、何分かあるかも知れない。文化の初に死んだ四代目の団蔵はトンボの名人で、法界坊《ほうかいぼう》で傘を持って三遍後返りをするようなことをやった。近いところでもトンボの名人として、中村千代飛、坂東善次、段四郎の親仁の三太郎などというのが知られている。三代目仲蔵も中通り時代にはトンボ返りで賞美された。ということが「手前味噌」(仲蔵の随筆旅日記芸談)に書いてある。」

といったようなことを教えられました。

現代の歌舞伎では、古式のタテを守りトンボの名人坂東妻之助が知られている。段四郎とは市川段四郎の事で、物故《ぶっこ》した市川猿翁の父の事であろう。

成程「劇場年鑑」などを見ましても、天明二年から立廻りに後返りを始めたということが書いてあります。元文以来は愈々人形芝居の方で、色々な仕出しの多かった時ですから、俄に人形から来たと断言することも出来ませんが、トンボ返りは人間がやるには相当な稽古を要するけれども、人形ならば簡単に行われることで、どうも勝手がいいように思われる。そこで舞台の上に出て来たのは、どれが初めであるかを決することは出来ませんが、全く拠り所の無いこととは思われません。

捕手とヤワラ

捕手《とりて》ということは「取手《とりて》、柔《やわら》」と申しまして、二科の武芸でありました。

有名な渋川伴五郎の子供、友右衛門の弟子の書きましたものの中に、捕手と柔の差別があることを知らねばならぬ、今の人は捕手を知って柔を知らぬ、ということが書いてある。捕手（取手とも書く）と柔とは各々一科をなしていたのでありますが、後には全く混じて、柔の中に含まれていると見られるようになった。それは拳法とも、又手搏《しゅばく》ともいいまして、何方も柔と紛らわしい名前になって居りますが、これは支那（中国）から伝来したもので、明暦年中に王道元という者が長崎へ来て、伝えたのからはじまるともいい、又、陳元贇《ちんげんぴん》がはじめて伝えたとも言われて居ります。ところが陳元贇という人は、心越《しんえつ》禅師と一緒に万治年間に来朝した人で、捕手というものは、その以前からあったのであります。

誰も知っている「武芸小伝」などを見ましても、捕手の上手な人を四人挙げて居りますが、そのはじめに「小具足《こぐそく》捕縛はその伝来久し、小具足を以て世に鳴る者は竹内なり、今これを腰廻《こしまわり》と言う」とありまして、捕手の方では竹内流というのが一番古いらしいのです。

竹内流、腰廻の祖である竹内中務太夫という人は、作州《さくしゅう》津山城下波賀村の人で、天文元年六月二十四日に、何処からか一人の修験者《しゅげんしゃ》がやって来て、この中務に捕手の術を教えた。

その修験者は、それきり何処へ行ったか知れませんが、中務は、かねがね愛宕信仰《あたごしんこう》の深い人でありましたから、愛宕の御利生《ごりしょう》でこういう術を授けられたものと信じまして、愈々その業に骨を折って、これを子孫に伝えました。

その次が荒木無人斎流《むじんさいりゅう》をはじめ、その次が森九左衛門で、この人は紀州の頼宣《よりのぶ》卿に仕えた。その次が夢想流《むそうりゅう》の夏原八太夫だとあります。山崎美成《やまざきよしなり》は、それに就て芝居で捕人の役をトッタリと言っているが、これは戦国の言葉が残ったのである、「蓑輪軍記《みのわぐんき》」の中に「在る所の取伝《とりつたえ》の侍共呼出し」ということが見えている、この本には永禄六年二月二十二日の奥書があって、その頃に書かれたものである、と申して居ります。

またそればかりでなしに、「室町殿物語」を見ますと、天正《てんしょう》度に堺、大坂を騒がせた暴者を取鎮めた話がある。その取鎮めた高橋作右衛門光範という人は、竹内流の極意《ごくい》を極めて居り、すべての武芸に達して居ったらしい模様であります。

ここに高橋作右衛門光範という人あり、器量骨柄《こつがら》厳しく力ありて、一心の至剛《しごう》なる事、凡そ世に類なし、兵法《へいほう》は我朝にある程の家々の奥儀《おうぎ》を伝え、取手は竹内の極意を極め、此十文字長刀鎌琴柱など家々の秘奥《ひおう》をこうぜり、大の男といえども、大なる両腰を帯し乍ら、八尺の築土を彼方此方へ自由に飛越ゆる、水の底には定まって半日は耐えたり、相撲においては大坂堺伏見京都にもその隠れなかりけり、殊に一道の達者、万事に渡るとはこの人にあるべきと羨まざるはなかりけり。

こういうものを見ると、やや新しい高橋の話にしても、天正年間の話であるから、捕手の術は明暦《めいれき》や万治《まんじ》に渡来した支那人の伝授ではじめられたものでないことはよく判っている。捕手の術というものは、相手を生捕る方法なので、それを写したのが芝居のトッタリである。その中で殊に目立ちますのはトンボ返りで、このトンボ返りなんていうことは、何だか武芸らしくなくておかしいのですが、これもまたいささか拠りどころのある話なので、「遺老物語」の中に正阿弥専斎の話がある。

この人は捕手が大変好きで、相当な嗜《たしな》みがありましたが、或る時、自分が手飼にして寵愛している猫を、四足を持って宙に下げて落して見ると、途中ではね返って、遂にその猫は背中を打つということが無い。幾度試みても同じことであるから、専斎は自分の好んでいる捕手のような術を、猫は自然にこれを心得ていて少しも無理でなく、投げつけられても背中を打たぬようにする。そこでだんだんその工合を修練して、自分が屋根の上に登って人に突落させる。そうして何事もなく地面に突立つまでの修練をした、ということが書いてあります。

トンボ返り、宙返りも、こういう事を専斎が嗜んだのを考えれば、よくわかる話で、これがだんだん捕手の一つになって行ったものと思われる。そうすると、トッタリのやるあの宙返りも、決していい加減なものではなくて、成程大に誇張したところはあろうが、全く種がない事ではないのです。

大騒ぎな梯子取

それから又ずっと大がかりになりますと、「在原系図《ありわらけいず》」の蘭平《らんぺい》——これはよく芝居でするやつですがあの立廻りは梯子取の仕方であります。この梯子取に就ては面白い話がある。

甲州街道の日野宿という所に、代々隼太といって名主を勤める家がありました。維新の際に名高い土方歳三《ひじかたとしぞう》の続きになっている家ですが、この隼太は仲々の才物であって、村の者共と折合が悪い。屢々《るる》村から訴訟を起して、隼太を追い込めようとする。隼太の方に横領や何かがあるので、再三再四訴訟致しましたが、才智弁舌があるために、いつでも隼太の方が勝訴になって、村民の方が負になる。その最後の時に、やはり隼太が勝訴しまして、勝誇った顔つきで村へ帰りますと、意趣《いしゅ》のかたまっている際ですから、皆で梯子取にかけた。というのは、隼太は百姓ではありますけれども、武芸の嗜みがあるので、三人や五人かかったところで、仲々とっちめることは出来ない。そこで梯子取にかけて、多人数で引捕えて、逆に隼太を殺してしまった。

これは嘉永《かえい》年間の話であるが、この梯子取というのは、どんな按配にするのかというと「在原系図」の蘭平のようなものには違いないけれども、ただそれだけでは話がわからない。丁度「武学拾粋」の中に、その実例が出ているから、それをここに写すことにする。

或る武士が江戸の下町を通る。その時この士は年が若いのに夫婦連立って歩いていた。昔は若い夫婦が連立って歩くということは、大概無かったのですが、何かやむを得ぬことがあったのでしょう。

この若夫婦が通るのを見て、町家の若い者が、一杯機嫌でありましたか、或は若い御新造《ごしんぞう》の縹緻《ひょうち》がよかったので、そねむ心持があったのですか、この士に言葉をかけて悪口を言った。士は聞かぬ振りをして行き過ぎようとすると、町の者は図に乗って、「人にこれだけ物を言わせて、何とも返事をしないのは、耳が聞えないのか」と言って、その士の耳を打ちました。もう勘弁が出来ませんから、士は抜討にその者を斬倒した。続いてその連れであった者が懸って来るのを、又二、三人斬伏せた。

さあ、士が抜いた、というので大騒ぎになりまして、町人どもは棒づくめにして、取押えるつもりだったのでしょう、士を取囲んで参りました。

棒づくめと言うのは、辻番などでよくやるやつで、芝居などにもありますが、袴の股立《ももだち》を取りまして棒を持ってバラバラと出て来て相手を取囲む。槍なら槍衾《やりぶすま》という処ですが、棒ですから棒づくめ、といいます。

ところがその棒も五、六本斬落し、四、五人の者に手を負わせて、士は悠々と立去りそうになりましたから、今度は幾つもの梯子を持って来て、大勢で梯子取にする。幾つもの梯子を前後左右に立てて、それを敵の上へ打掛けて来る。それは堅だが、梯子を横に押してもゆく、こうしていくつも打掛けて、その場へ押伏せ、或は前後から挟む。相手が倒れると大勢が梯子に乗って押

へつけるので、遂にその為に、この士は圧殺されてしまった、という事が書いてある
これが梯子取の仕方で、これを写したのが蘭平の立廻りの仕方である。
元禄年間に佐野次郎左衛門が八橋を斬って吉原を騒がせた時も、この梯子取りで廓内《かくない》の者が捕えたのである。

捕者出役

町奉行所から捕物として出役する場合は、どんなであるかという事になります。その例としては、丸橋忠弥の例がよろしいので、これを御下知者《おげじ》と申します。

御下知者というのは、幕閣の命によって町奉行が手を下すからこういうのですが、たとえ老中の命でありましても、町奉行が命を下すのですから、その支配限りのもので、武家地や寺社地には向いません。旗本や御家人にはそれぞれの支配がありまして、その支配下に犯罪者がありました場合には、支配が取調べた上で、評定所の方へ廻して裁判にかけますから、町奉行の手を経ない。若しそれが出奔《しゅっぽん》でもして、市街地に潜伏しているような場合には、その支配から幕閣へ上申する。そうすると御下知者になるのであります。

もう一つ御下知者でなくても、町奉行所から出動するのがある。それは町方からの訴えがありましても、捨て置けぬような捕者であれば猶予なく出て行きます。人数はその時の状況によるので、一定して居りませんが、平素定廻り、臨時廻り、隠密廻りと申しまして、町奉行所から同心

を出して常に市中を巡邏させている。これを三廻りと申しますが、この三廻りという者は、罪人を捕える為に巡回するのではない。殊に定廻りの如きも、これの後で申しますが、捕うべき者があれば捕えるけれども、捕えんが為に廻っているのではありません。

捕者に就ては、捕者として奉行所から出役するのと、定廻りの手によって押えるのとの違いを知って置かなければなりません。それから町奉行所というものは、犯罪者を検挙するだけの役目のものではない。八丁堀の与力・同心は、町奉行所に所属して居りますが、これも非違を検挙するばかりが、この人達の仕事ではない。又、非違を検挙するのでも、火附盗賊改というものが別にある、この手に依って検挙することも多かったもので、江戸市中での加役と言って恐れて居ったのであります。

それから江戸を離れましては八州廻《はっしゅうまわ》り、俗に八州様と申して居りました。これは代官手代が出るので、八州取締出役《とりしまりしゅつやく》と申しまして、代官支配の地域及び万石以下の領地における犯罪を検挙するものでありました。

さて、そう言う差別はありますが、町奉行所から捕者のために出役する、いわゆる御下知者の外に、町方の訴えによって出役することがあったのです。その例と致しまして、元吉原に「かつら事」というのがあり。それともう一件、新吉原の話がありますが、先ず「かつら事」の話から申しましょう。これは正保《しょうほう》六年三月五日の出来事で、大変な騒ぎでありましたが、そんなに怪我人などは出て居りません。

元吉原とは、新吉原に対して、吉原遊廓《よしわらゆうかく》が日本橋水天宮《すいてんぐう》辺にあった頃を指している。ここの吉原遊廓が、明暦二年（一六五六年）十月九日、吉原の町名主達は町奉行石谷将監から突然の呼出しを受けて、本所か、浅草日本堤のどちらかへ移転するよう仰せつかりました。

吉原遊廓（高砂町、和泉町、灘波町）は家康の入国以来六十年余、元和《げんな》年間から四十年の歳月が過ぎておりました。町奉行命令で浅草日本堤に移転してからの吉原を新吉原と呼び、この不夜城新吉原遊廓は戦後、売春廃止されるまで存続したものである。

元吉原での大狼藉

「かつら事」と申しますのは、正保元年三月五日に、元吉原中通の揚屋甚右衛門のところへ、四国の浪人だということで四人連、珠三という角力取《すもうとり》を一人供に連れて来まして、大勢遊女を呼集めて遊興をした。その中に京町高嶋屋清左衛門の抱えで、かつらという妓がありましたが、どういうわけか知れませんけれども、客人がこのかつらに当りが悪い。あまり無理ばかり言われるものですから、かつらも、その席におりかねまして、黙ってそこを出て、高嶋屋へ帰ってしまった。そうするとその客達が怒り出しまして、ここへ呼んだ妓《ぎ》が挨拶なしに出て行ってしまうのは怪しからん話だ、というので、揚屋《あげや》の亭主を呼出して、是非かつらを連れて来い、と言ってきかない。揚屋から高嶋屋の方へ行って見ると、どうもかつらは気分がよろしくないので、御暇《おいとま》もせずに帰った程だから行かれない、という。色々申しましたが、どうしても出て来ない。

高輪木戸

それを聞いた客は、益々立腹しまして、誰でも構わず取ってかかる、という有様でしたから、揚屋の内の者は、主人はじめ召使まで逃げ出してしまって、誰もいなくなりました。客は、そのいない処で、力み返っているのみならず、戸口もすっかり締めて取籠っている。近所の者も出合いまして、いろいろ外からなだめたけれども、どうあってもかつらを連れて来なければいけない、揚げられた遊女が暇もせずに、客の席を立去るというのは怪しからん、自身来て詫をすればよし、さもなければ許さない、と言う。何しろ揚屋一軒ガラ空になって、客ばかりが中で力んでいるので、土地柄でもあり、困るものですから、色々と相談の上、ともかくかつらを詫びに遣って、ここを無事に済まそうという事になりました。

高嶋屋の方では、何しろ食らい酔った客が暴れているのですから、そんな処へ自分の遊女を遣りたくはない。けれども外に仕方が無いものですから、かつらによく呑込ませて、甚右衛門の前まで連れて行った。

かつらは、往来へ手をついて、私は先程気持が悪かった為に、御暇も申さず帰りましたが、まことに不行届でございました、どうか御勘弁下さい、と言って丁寧にあやまりました。そうすると中にいる客の侍達は、自身に詫びに来たのはいいが、それなら中へ入って、盃を納めて帰るがいい、と言い出した。主人の清左衛門にして見れば、もしもう一度、客のところへ出したら大事な女郎がどんなことになるかも知れない。かつらは不加減であることは慥《たしか》なのですから、少々保養をさした上で、気分がよくなりましたら差出しましょう。と言って、客席へは出さずに連れて帰った。

客達は益々怒り出して、座敷へこないのは怪しからん、遊女の癖に士を馬鹿にしている。それなら今、我々が斬って出て、一同の者に目を覚まさしてやる、と言って、騒ぎは愈々大きくなって参りました。

そこで、江戸町の重右衛門という者が、何とかなだめるつもりだったのでしょう、戸口の所へ行って、「皆様方は立派な御士達とお見受致します。何にしても当所は場所が宜しくございません。お名前が出る様になってはなりませんから、少々の事には御勘弁下さいますように」と言った。ところが例の連中は、重右衛門を引摑えて、内へ引摺り込んで、それを人質にして力んでおります。

重右衛門の子供に十助という、当年十七歳になる者がありましたが、今、親仁《しんじん》が食らい酔った士の座敷に引込まれたのを見て、出かけて行って士達に申入れました。「只今お連れになりましたのは、私の親でございます、何分年寄のことで、別に御用に立つ者でもございませんから、親仁はどうか御免下さる様に、その代り私を召置かれる様にお願い致したい」

こういうのを聞いて、親代りに伜が来るというのは神妙である、それでは親仁は返す、と言って、今度は十助を人質に取って力んでいるのでした。この日は生憎、名主甚右衛門も居りませんでしたが、日暮に帰って来て、この騒ぎを聞きました。何しろ相手は酔払の士なので、手のつけ様が無い。そこで町奉行の神尾備前守まで御訴え申上げますと、早速に与力八人と同心四十人を差向けられた。

そうこうして居りますうちに、この十助というのは機智《きち》のいい男と見えまして、これは外す方がいいと思ったのでしょう、小便がしたいから、暫時の間御宥免《ゆうめん》願います、と言って物干へ上りまして、小便するふりをして、物干から京町の裏の方へ、飛降りました。ところが無法者がある、取籠があるというので、吉原の町の者は、揚屋甚右衛門の家の周囲を多人数で棒づくめにして固めていた。そこへ十助が飛降りたので、よく気をつけていれば、そんな間違は無いのですが、何しろ皆一生懸命になっているから、目もくらんでいたのでしょう、遮二無二棒づくめにして、十助を殺してしまいました。

それ程に吉原の町は騒いで居りましたが、だんだん時はたちますし、捕方に向った人達も、どうにも仕様が無い。戸口のところから内の様子を眺めて、家の絵図などを見て居りましたが、その中でも事馴れた人が言われるには、士達が五人も取籠っている処へ、むざと押入って捕えにかかったら、何分かの怪我人が出るに違いない、ここは何とかうまく騙して、大道へおびき出して搦め取るより仕方が無い。というので、与力の中の一人が、表格子を隔てて中の酔払い士と対談した。「各々方は立派な郷士のよう見受けるが、ここに取籠っておられるので、町の者が大騒ぎをやって、町奉行所へ訴え出た。その仕方は如何にも狼藉がましく見えるが、別段に人を傷つけたわけでもなく酒興が昂じたものであるかにも見受けられる。それゆえ備前守が吾々に申付けるには、別段の事も無いから、よく異見《いけん》をして、早速にそこを立去って帰られる様にしたがよかろう。それでも合点《がてん》しない時分には、よんどころ無いから召連れて帰るように、という言付を受けている、そこで様子を聞いて見ると、別段な事があったのではない。場所も悪いことであるし、こんな所に何時までもぐずぐずして居られるのは御気の毒である。世間の評判にもなる事であるから引揚げられた方がよくはないかと思う、そうは思うものの各々方が御承知なく、ここを立去られぬ、と言うのであれば、吾々も役目の手前、よんどころ無く召捕らなければならぬ、各々方は一体何とお思いなさるか」

「如何にも仰《おおせ》の趣は承知致した。私共は、士の真似をする者であるから、だんだん申募った果にこうなった事で、別段意趣遺恨《いしゅいこん》があるわけではない、又、人を斬ったり、何かしたわけでもなし、この上各々方に御世話をかけるまでもない話である。ここを立去っても差支無い筈だが、吾々どもを引出して、足場のいい所で搦め捕ろう、という事があるかも知れないから、容易にここを出る事は出来ない」

こういう返事をしたので、与力の一人が「いや、此方ではそういう事はしない、公儀の御威光で召捕る日には、何十人取籠っていたところが、何の遠慮もいった話ではないが、人をあやめたとか、御法度に背いたとかいう人でもなし、当座の酔興が募ったまでの事で、穏便《おんびん》に済した方が、いいと思うから、早速に立退かれる様に申すのだ」

と、ねんごろに勧めまして、

「得心されたならば、時刻の移らぬうちに御帰りになった方がよろしかろう」

「そうまで言われるならば、それに相違無かろう、御誓言《せいごん》を承った上で立去ることにしよう」

「如何にも偽りを申すことではない」というので、ここで話がつきまして、愈々立去ることになりましたが、就ては表の方の提灯をひかしてくれろ、と言出した。

これは町内の者が提灯を持って固めているので、それを引込ましてくれろ、と言ったのです。奉行所から出張った者は、委細《いさい》承知した、その代り各々方は一人ずつ間を置いて御出かけ下さい、仲之町の方は町人が大勢集っていて騒々しいから、江戸町の方から大門口《だいもんぐち》へ御出なさるがいい、と答えると。これも承知して、一人づつ例の余情《よせい》羽織をかぶって揚屋を出て江戸町の木戸の処まで参りますと、そこには同心達が待受けております。

その外にも江戸町の塀際で待伏して、木戸の内で二人ばかり縛った。そのうちに一緒についていた角力取の珠三という奴、これは珠三ばかりじゃない、どれも皆そうだったのですが、頭から羽織を被って、面体《めんてい》の知れないようにしている。珠三は小柄《こづか》を二つ紙捻《こより》で縛り合せて、両刃《もろは》を拵えたのを口に銜《くわ》えまして、それの知れないように、羽織を被って出て来ました、こ奴が自分の前後に出た者が二人まで縛られたのを見ると、いきなりその小柄を逆手に持って両方へ突立てた。同心の神谷金太夫は脇腹を突かれて即死、その側に居りました岩佐某という者も珠三の為に怪我をした。併し前後、皆捕えられまして、一同は神尾備前守の御番所へ引立てられて行って、いづれも死罪になりました。

この騒動の最中に、神尾、朝倉の両町奉行は、大阪町の辻まで出張って、騒動を鎮撫《ちんぶ》する事に骨を折られた、という様な事がありました。

取籠の騒動

次は元禄九年の二月四日に、京町一丁目の介右衛門の召使八助が、揚屋町《あげやまち》の往還《おうかん》で、会津から来た旅の者、六右衛門という者に、斬られた。

八助は斬られたので驚いて、揚屋の清六の所へ駈け込むと、六右衛門は追駈けて、清六の家の板の間の所で、とうとう八助を斬殺しました。揚屋からは久兵衛、八兵衛という両人が、棒を以て立向いましたが、これも怪我をしますし、近所から駈付けた五兵衛という者も怪我をした。清六の家人は驚いて、皆自分の家から逃出してしまう。

あとは六右衛門一人になって、戸を締めて取籠ってしまったわけです。その騒ぎを早速に京町の名主喜右衛門のところへ知らせましたので、喜右衛門から町奉行能勢出雲守へ訴え出る。奉行所からは直に与力二人、同心八人を捕方として遣されました。そのうちに日は暮れてきますし、吉原の廓中の騒ぎは大変なことになった。

奉行所から出役した人達は、清六方の大戸《おおど》を放して、家の中へ込入って尋ねる。取籠の中へ押込んで行くのですから、これは余程元気のいい仕事なのですが、六右衛門は居りません。二階を捜したけれども、二階にもいないので、天井裏へ上ったんじゃないか、と下から天井を突いて見た処が、やはり天井裏に隠れて居りまして、脇差を下へ投げつけた。刃物さえ投出せば造作は無い。早速大勢で取押えてしまいました。

この六右衛門は、永富町の治郎左衛門という者の処に逗留《とうりゅう》して居ったのですが、京町の海老屋で遊興した勤め代がないので、脇差を質に取ってくれと言ったけれども、一向取合ってくれない。漸く同行した武兵衛が話合ってくれましたので、海老屋を出ましたが、あとから八助が追駈けて来て、薪で六右衛門を打った。銭も払わずに遊興して行ったのだから、それを懲らすつもりだったのでしょう。六右衛門は腹を立てて、八助に斬付けたので、それがはじまりで、この騒動が起ったのです。

こういう按配に吉原には取籠《とりこめ》がありましたが、吉原以外の処にも無かったわけではない。享保八年八月二十二日の七ツ半（午後五時）から夜に入っての話でありましたが、元飯田町の市郎右衛門店、薬種屋《やくしゅや》三郎右衛門の手代の又七という上州生れの男がありました。こ奴が番頭と何か口論をした末に番頭を刺殺したのみならず、押えようとした朋輩《ほうばい》に傷をつけまして、二階へあがって梯子を引いて取籠った。

騒ぎを聞いて駈付けた町内の者が、家の中へ入込んで、モヂリにかけて引落そうとしましたが、モヂリは斬り折られてしまう。提灯で二階の様子を見ようとしても、その提灯を斬落される。という有様ですから、とても上る者が無い。外から上るといっても、土蔵作りだから、どうにも仕方が無い。困りきって遂に町奉行所へ訴えました。

出役した捕方は、屋外から梯子をかけて、土蔵の窓のところへ詰寄って行った、そうすると薬屋ですから、胡椒《こしょう》の粉がやたらにある。そいつを手当り次第に投げ出すので、目鼻へ入って何とも仕様が無い。屋内から登ろうとしても、やはり胡椒の粉をたたきつけるので、上ることが出来ない。大分大勢怪我人が出来ましたが、そのうちに町人の弥惣兵衛という者が、肩を斬られたけれども、又七の腕を摑えたたものですから、傷に屈せず引降して捕えてしまいました。この弥惣兵衛は褒美に銀五枚と腰の物とを貰いました。この時でも両番所から出役して居りますが、一の手に向いました諏訪美濃守の同心佐藤治部右衛門、二の手は大岡越前守の同心林与一郎、諏訪方の浅尾庄次郎、大岡方の保田伴内などは、いずれも数ケ所の手疵を負いました。

この時は幾人で行ったか不明ですが、与力は検使として両番所から、荻野仁右衛門と後藤三郎兵衛の両名が出ております。こういう風に取籠と言いまして、誰も寄せつけない様に、犯人が険しく構えるという事は、明和《めいわ》の頃まで続きましたから、飯田町での様なことはいくらもあったのです。その度に町人共では手に余りますので、町奉行所へ訴え出て、捕者出役があるわけになる。併しただの捕者と違って、そういう場所に取籠った犯人になりますと、仲々捕えるのが厄介であります。捕者は殺さずに生捕にしなければならないから、猶更始末が悪い。無理に捕えようとすれば、どうしても怪我人が出来る。だから「武備目睫《ぶびまつげ》」という本には、取籠を押える時の心得が、いろいろ書いてもある位です。

「古老物語」などを見ますと、こもり者の捕方は、囚人警固人両方に疵をつけてはならぬ、生かして置いて働かせぬ様にしなければならぬ、それには柔が必要である、という事が書いてあります。

「武学拾粋」などには、取籠を押えるのは、ただ勇気だけのものではない、どうしても頓智《とんち》が無くてはならぬことだ、その例は古来いくらもあるが、その例に拘泥《こうでい》してしまう様では、害があっても益は無い、やはり自分の頓智頓才で捕えるに限る。いずれにしても上手におびき出すのが一番で、踏込んで行くのはその次の策である。

すべて捕者というものは、手に余る時は討って捨てるのが定法であるが、武士が浪人、百姓、町人、盗賊などに、手を下して捕えることは昔より無いことである。武士の業としては、そういう場合には傷つけても差支無い、という事になっているが、捕者としてはやはり同心とか、足軽とかいう者を指揮して捕えさせるので、我手柄をしようとすべきものではない、「早着込」といって、綿入の布子《ぬのこ》を水に浸して着たり、「野中の幕」といって、衣類や風呂敷ようなものを、モヂリや鳶口の先へ引かけて、飛道具《とびどうぐ》を持っている者に対する仕寄にする伝授事がある。けれどもこれになずんではかがゆかぬ、時と場合によって、自分で工夫せねばならぬ、取籠がある時は、士ならば時を移さず踏込んで捕えるがいいし、雑人《ぞうにん》共なら手間どった方がよろしい、という云伝えがあるように、この取籠を押えることは、色々研究されているのであります。

高橋光範智略の捕者

取籠は何も江戸時代になって、はじめて起った事ではありません。「室町殿物語」は、天正年間の話ですが、例の捕手の名人の高橋光範の手柄話があります。

或る時、天王寺辺に、恐ろしい腕の強い狼藉者が主従二人で取籠った。誰でも腕におぼえのある者があれば、立寄って我を捕えて功名にしろ、と言って広言を吐いて立籠っている。

この辺を警備しておりました生駒雅楽頭の家来、柳村源次兵衛、松本忠左衛門の両名が、主命によって百五十余人の人数で四方を取囲み、夜昼三日というもの、いろいろ騙したり、智略を用いたりして見ましたが、どうにもならない。取籠どもは、この上は斬死《きりじに》して冥途《めいど》の思い出にしよう、というので、捕手の押寄せるのを待っている有様ですから、何とも手のつけ様が無い。

取籠があって手に合わぬ時は、焼討《やきうち》にするより外に仕方が無い、というのが昔からの仕来りになっているので、焼討にするより仕方が無いだろう、と言って思案に暮れている時に、生駒の家老が主人にこういう事を申入れた。

「大事の仕向であるから、誠に毎度のことで気の毒ではあるが、高橋を頼んでは如何でございましょう」というと、雅楽頭は、「それはよかろうが、高橋光範は咳の患いで、折角養生していると聞いた。当方の頼みを聞いてくれるかどうか判らぬが、人を遣って尋ねて見たらよかろう」という事でありました。それから高橋光範の所へ参りますと、「昨日今日少し気分がいい」と出て来て色々雑談をした。天王寺近辺の取籠の話を致しますと、高橋が、「わしもこの患いさえ無ければ罷《まか》り向って如何様にもするであろうが、まだ少々頭が重い様だし、躰も弱っているが、三日も四日もそうやってかかりきりで、何ともならぬとあっては、他国への聞えも如何であり、生駒家に人なき様に思われぬとも限らない、相手は僅か二人、焼討にするのも業々しくて宜しくないし、近所迷惑であろうから、病中ではあるが、一ツ行って見る事にしましょう」

と、引受けてくれました。

生駒雅楽頭もそれを聞いて大変喜ばれましたが、高橋はやがて人を連れて、天王寺に出て行き、そこを取巻いている柳村と松本に逢って見ると、二人とも疲れきって青息吐息になってる。

「どうも長々と御苦労で御疲れでしょう、自分はこの間中病気をして寝ておったが、殿より年寄衆を遣わされての御話があったから、御様子を見舞旁々出て参った」と申しますと、柳村と松本は、「取籠の二人の者は、斬死の覚悟をして、主従心を一つにして、今は只いい相手を望んでいるのです。こういう曲者は、どんな手だてをした処が、容易に捕える事は出来そうもありませぬ」

「如何にも御尤であるが、私が中へ入って様子を見ましょう、だからこの取巻いてる人数を、一丁ばかり引きなさるがいい」といわれて、両人は、その通りにした。

それから高橋は、帯していた両刀を取って人に渡し、わざと丸腰になって、取籠っている家の裏手へ廻って、戸を叩くと、「誰だ」と中からいうのに、「一向苦しからぬ者である、奉行所から使に参ったのです。先ずここをお開けなさい」と、心しずかに落着いて言うと、「何の為に来られたか、いう事があるなら、ここを開けないでも、外から言え、たしかに承るであろう」「いや、それは何の気遣もない事である。御覧なさい、この通り丸腰で、扇一本さえ身につけていないのだから、用心されるまでもない事ではないか」

中から外を覗いて見ると、取巻いていた人数は影も形もなく、一人の男が丸腰でいるので、若し怪しい者であったら、一討に斬り捨てるまでと安心して、入口を開きました。

高橋は悠々と中へ入って腰を掛ける。二人の者は上座に坐って、「どういう御用の御使です」と訊くので、「昨日今日、天王寺の執行坊から当所の警備に当っている生駒雅楽頭へ、こういう事を申出でた。当山八町四方は殺生禁断の地になっているゆえ、たとえ重罪の者であっても、他国から来た科人ならば、執行惣房として是非とも申受けたい、ただ当所の者をあやめた者ならば別段の事であるが、もしそうでない者ならば、如何ような御はからいがあっても差支無い、先ず当所の人をあやめた者であるかないか、そこを十分に御取糺しあった上で、処置方を仰付けられたい、という事であったから、此方ではあなた方が取籠って居られるわけが聞きたくなって、すなわち拙者が使者として参った、どういう訳でこうやって取籠って居られるのか、それが承りたい」

先方は、成程尤もだという顔をして、ただ腕立をする意味で広言をしたのから、事が間違になって取籠をするようになったので、別に当地で人を斬ったのでもない、という始終を話した。そこで高橋は、腕自慢からさし縺れたというならば、もとより何の仔細も無いことである、暮方になったら何所へでも立去るがいい、自分はこれから奉行の御前へ参って、よきように申上ようと言ったものですから、相手も、そういうわけならというので、いくらか寛《くつろ》いだ様子に見えました。

それから高橋は、さあらぬ態で立出て、奉行所へ帰りまして、「彼の者共は、夕刻には秘かに落ちるであろう、その時に主人の方は私が捕えるから、先に立って行く家来を取逃さぬ様にして貰いたい」と言った。

やがて黄昏時《たそがれどき》になりましたから、高橋は又出かけて行って、「生駒に申聞けたところ、勝手に何処へでも落ちられる様に、という事である。但し主従一緒に立退かれる事はよろしくあるまい、家来は先へ、主人は少し後から立退かれたがよかろう、もし拙者が送れというのなら、一町や二町は送ってもよろしい」何のわだかまりもなく言うと、「それは有難いが、途中に待伏でもありはせぬか」と如何にもおぼつかな気に言うので、「それは天王寺からの申立もある事だから、ここで斬るの突くのという事のある気遣は無い、だがもし何かの間違があった処で、ここで斬死をする程の覚悟のある貴方がただ、これから先でも斬死されるとすれば、別段気にかけられることもあるまい、思い切って御出かけなさるがいい」

と冗談の様に申しました。そこで愈々落ちることになりましたが、勿論少しの油断もなく、一足一足に気をつけている。もう夜に入りまして、世間も静まれば、四辺も真暗で、人の見わけもつかない、家来は東の方を指して落ちて行きます。主人は遙か後方から、両刀をさして西の方へ落ちて行く。

丁度五月の半頃で、麦の刈積《かりつみ》が道端に沢山ある。高橋はその陰から飛出すと、直に背後から取って伏せてしまった。「取った」という声をかけましたから、かねて隠してあった人数が、松明《たいまつ》を振って出て来まして、この者を引立てて行きました。家来も造作なく搦め捕って引立てた。これでさしも大袈裟な取籠者を、高橋光範の機転によつて、手もなく取押える事が出来たのであります。

これはまた大間違

いずれにしても取籠という者は、騙して引出して、縛り良い所まで誘い出すのが良策だといいますが、如何にもその通りやるのであります。

取籠の話には仲々面白いのがあります。前田徳善院玄以が、京都所司代《きようとしよしだい》を勤めている時に、小原の里から訴えましたのに、昨日の夕方、或る寺へ盗賊が四、五人取籠ったので、在郷《ざいごう》の者が二、三百人、篝火《かがりび》を焚いて、番をしているという事である。それではというので、頭二人に上下五十人差添へて、小原の里へ急がせました。その寺の表山門《さんもん》まで参りますと、門は押開いてあるが、中門《ちゆうもん》はすっかり締切ってある。

そこまで取詰めて行きまして、外からドンドン叩くと、中の者が、

「誰だ」

という。そこで捕方の者が、

「お前方はどういう人で、何故に寺の中へ押込んで狼藉するのだ。わけを早速申せ、それを聞

いた上で、理非によって処置をする」

「それでは申しましょう、私共は若州《じゃくしゅう》守護の者の家来でありますが、二十日ばかり以前に主君に別れましたので、年来の厚恩《こうおん》を報ずる為に、髪を剃って御菩提《ぼだい》を弔《とむら》いたい。そう思って、この寺へ参りまして、和尚に出家したい由を話したところが、どう思ったものか、泥坊が押入ったと言って騒ぎ立てた。その為に在郷の百姓が乱入して、この寺を取囲んでしまった。いくら吾々は胡乱《うろん》な者でない、といって断っても、更に承知しないで騒いでいる。このような訳の判らない者共を中へ入れたら、どんな事をしでかすか判らない、それでこうやって木戸を固く締めているのでございます」

話がまるで違いますので、捕方の者は、

「お前達の言葉に相違無いか、一応故郷へ実否《じっぴ》を問いただすから、問合すべき人は誰々か委細申せ」

と言って、中に居る者が、故郷の者の氏名や何かを委しく書付けて、外へ投出したので、早速若州の方へ下げて調べて見ると、その取籠の者共は、皆相当な士であって、五人いるうちの三人は女房のある者でしたから、この模様を聞いて、家族の者は大変悲しみまして、心配する余りに、従類眷族《じゅうるいけんぞく》を大勢連れて出て来た。

そうして奉行所へ申開《もうしひらき》をしたので、事はすっかり判りまして、その人々は直ぐその寺から立去る。百姓共はそれぞれ引取らせました。

玄以は、一体住持《じゆうじ》が慌て者で、えらい間違を惹起《じやつき》したのだが、寺に何事もなかったからいいようなものの、こんな騒ぎを起したのは、畢竟《ひつきよう》住職がよろしくないからであると、云うので、住持に隠居を申付けた。

士、五人は叡山へ行って、そこで出家を遂げた、という話があります。

少々饒舌《じようぜつ》で繁雑《はんざつ》ではあったが長々と捕物の話を引用したが、これで江戸町奉行の体制、実力が察知された事と思う。そして、加役や八丁堀与力・同心に対して一抹の杞憂不安を感じられたのではないかと思う。

こんな弱体ではたして、江戸百万人口の治安が警備出来たのだろうか、——と。

これに就て三田村鳶魚翁は、八州取締役に関する感想として次の如く述べているが、これは八丁堀の与力・同心に対してもいえることであろう。

八州取締出役という者は、何程の働きをし、どれだけの効能があったかと申しますと、勿論、全く効が無かったわけではない、比較して申したならば、あまり規模が大きくないに拘わらず、また元来地方の制度がうまく出来ていないのに拘わらず、八州取締出役という者は、それでも案外効能があった様に思われます。

大局《たいきよく》から見れば、何しろ制度がよろしくない上に、その規模も小さかったのですから、遺憾な点の多かったのは、申すまでもないことであります。勢力富五郎佐助は、小金原鹿狩の大警備を機会に、五年掛りで掃滅《そうめつ》し、国定忠治《くにさだちゆうじ》は中風《ちゆうぶう》になったので、十余年目に漸く捉えた。もし小金原の鹿狩がなくば勢力は何日就縛《しゆうばく》されたであろう。達者であったら国定忠治はまだまだ磔《はりつけ》になるまい。居村《きよそん》で剣術を習った忠治や、相撲あがりの佐助のために、関八州の治安が、久しい間撹乱されていたのを見れば、大いに感悟するところがないでもありません。

八王子生れで、御直参《じきさん》であった鳶魚翁は大の江戸贔屓《ひいき》で、将軍のお膝もとの江戸八丁堀の役人に対して批判めいた苦言は呈していないが、賢明な読者は江戸の治安に就て疑いを抱かれたことと思う。

最後に八丁堀は、勿論、加役達も手がつけられなかった幕末期の犯罪に就て述べよう。それは犯人が御直参であったが、当時の苛酷な拷問にも屈せず、裁判に対しても逆手《さかて》、（御直参という身分を楯にして）頑張り通した怪傑青木弥太郎である。

これは、武士しかも直参武士が犯罪を犯した場合には、如何なる取扱を受けるものであるか、を知る事が出来るので特に述べるのである。

青木弥太郎事件

幕末期になって倒幕《とうばく》運動の志士なる者達が「御用盗」と称して江戸の富豪を襲っていた。これは幕府の御用達商人《ごようたししようにん》に目をつけたようであるが、唐物商《からものあきない》（これは攘夷《じようい》思想から）を襲い、そして毎夜の如く多額の軍資金を集めたのである。その主体は三田浪士と呼ばれた、倒幕運動者の相楽総三《さがらそうぞう》一味の者であったが、これを真似て偽者が随分跋扈《ばつこ》したようであるが、その中で群を抜いて盗賊団を組織したのが青木弥太郎であった。

青木弥太郎は、二百俵扶持だから御家人であり、本所南割下水《わりげすい》に住っていた。彼は一度は無役の小普請組から抜擢されて評定所書物方に就任し、勘定吟味役にも栄進しそうであった。今日でいえば、評定所書物方は大審院の書記、勘定吟味役は会計検査官級であろう。

青木は人間は才発であったが、小役人で満足するには少々桁はずれの人間であり、糞度胸もありすぎた様である。それで免職になり、小普請組に逆戻りすると、多少自棄にもなったのであろうし例の御用盗団が盛んに活躍したのに業を煮やしもし羨ましくもなったのであろう。偽御用盗団を組織して首領となった。配下には新徴組《しんちようぐみ》くずれの西森蔵や同志もいうべき同じ直参小普請の津田孝次郎、塚田萬次郎、新徴組の勝田芳蔵、三宅杵五郎、小田切半平、鴨田蔵之助、そして江戸屈指の割烹店南本所元瓦町の小倉庵の伜長次郎、小倉庵の料理人くずれの鉄次郎等を手下として、江戸中の富豪を差別なく襲ったのである。

配下の西森蔵は、新徴組におった時に、吉原角町の妓楼《ぎろう》喜里屋の抱え女郎与志を恐喝半分で身《み》請《うけ》して女房にしていた。この与志は、本名おたつと言って水戸浪士の娘だそうだが、絶世の美女である上に毒婦《どくふ》であった。青木弥太郎は、このおたつに一目惚して、配下の西森蔵に、

「おたつは貴様の女房にしてはもったいなさ過ぎる、俺によこせ」と無暴にも取りあげてしまった。これはおたつがそうさせるように向けてもいたようである。ともかく大変な連中だったのである。

こんな青木だが、盗賊をするのに将軍家から下賜《かし》の屋敷に住み、屋敷を盗賊の本居にするは恐れ多いと、屋敷を捨て近くの長崎町に安居《あんきょ》を構え、武田伊織と変名して盗み廻ったのである。この武田伊織という変名は当時有名であった筑波の天狗党《てんぐとう》騒ぎの指揮者武田耕雲斎《たけだこううんさい》の一族と詐称するためであった。

まさか倒幕とは言えないので青木の武田伊織一党は尽忠報国《じんちゅうほうこく》をキャッチフレーズとして盗み廻ったのだが、遂に本所中の郷の金座《きんざ》役人上月小藤太の別荘を襲った際に、案内役をした小倉庵の長次郎から足がつき慶応元年閏五月二十七日に根津宮永町で青木弥太郎は捕縛された。そして同類もだんだんと芋蔓式に逮捕された。勿論、妻のおたつも——、このおたつですが、第一回に青木逮捕に捕方が長崎町の寓居《ぐうきょ》を襲った際に素裸になって、捕吏《ほり》を慌てさせて、その際に青木を脱出させたというのだから相当な毒婦というか妖婦であったのだろう。

逮捕されて収監されると、一味の者一同は簡単に白状し恐れ入ってしまったが、青木弥太郎とおたつだけは頑として罪を白状しなかった。おたつは、知らぬ存ぜぬの一点張りで、「何事も旦那様を信じておりました、真逆《まさか》御直参の旦那様が盗みなど働かれないでしょう。万一に旦那様が服罪しなさったら、わたしくも同罪にして頂きとうございます」と押し通していて手がつけられなかった。

一方、青木弥太郎の方は、押し入った事は承認したが盗んだとは決して言わず、対談の上で借用したといい張るのだった。そして、「拙者も武士でござる、盗賊の汚名を受ける様な所行は致さぬ」と傲然《ごうぜん》といい張り胸をそらせた。

この青木を取調べたのは、町奉行のお白洲ではない、投獄されたのは伝馬町の揚《あが》り屋《や》ではあるが、審理は江戸城内竜《たつ》の口《くち》の評定所であり、町奉行池田播磨守、大目付神保伯耆守、御目付一色邦之助が立会う三手掛《さんてがか》りという直参武士の待遇裁きであった。

何としても青木が服罪しないので、服罪した連類者一同を引出して突合せたが青木は頑として承服せず。「一味の一同が既に逐一白状したるに、足下《そっか》一人で何程陳弁しても仕方が御座るまい」といわれると、青木は嘲笑して、「拷問の苦痛に堪えず、無実の罪を申立てる様な者共の白状が何になろう。それを証拠として拙者に服罪を強いるとは奇怪な――、町人百姓ならいざ知らず、拙者は骨が砕け肉が爛《ただ》れようと、無実の陳述などは致さぬ。一体吟味をなさる役々の貴公方も、かく申す拙者も、共に公儀の御奉公人、拙者を無実の罪に堕して、将軍家は盗賊に扶持していられたかと、天下に披露なさるのが何のお手柄で御座る」と逆襲するので三手掛もホトホト手を焼いて、遂に石を抱かせることにした。

俗に石責という奴で、囚人を大柱に括《くく》り、三角薪を五本ならべて、三寸貫の打付けてあるやつの上に坐らせ、長さ三尺、幅一尺、厚さ三寸の伊豆石《いずいし》を膝の上へ載せるのだ。

一枚が十一、二貫ある伊豆石を、二枚三枚と重ねる、そして積んだ石の端へ牢屋同心が手をかけて、「申し上げろ、申し上げろ」とゆするのだから堪らない。皮が破れ肉が裂けて、骨へ三角薪が触れる。それが向臑《むこうずね》なのだから、一ゆすりで大抵の者は悶絶《もんぜつ》してしまう。そうすると水を与え薬を飲ませて蘇生させ、繰り返えすのであるから如何にしぶとい極悪人でも参るのだが、青木弥太郎は服罪しない。この牢問《ろうど》いという拷問は滅多にやらないのだが、青木弥太郎は、これにかかり、石を五枚まで積まれたという。五枚といえば六十貫目の重量だ。伝馬町設置以来、初めてとの事だそうである。だが青木は屈しなかった。そして慶応三年六月になって、町奉行池田播磨守は転役し、井上信濃守が後任となった。井上信濃守と青木弥太郎は、評定所時代の旧知の間柄ゆえ、調べも中止し、牢内での暮しも緩和された。

一方、愛妻おたつも弥太郎と同時に入牢した。慶応元年の夏、おたつが二十二歳の時で、彼女は、女牢《おんなろう》に入って一年余りで女牢の牢名主になり、牢内で大いに幅を利かし、手飼の猫を抱きながら、悠々と地獄の一丁目といわれる所で、事もなげに暮していた。

月日は流れて慶応四年正月、幕軍が伏見鳥羽の一戦に散れ、将軍慶喜《よしのぶ》は江戸に戻ったが千代田城に居堪らず、東叡山大慈院に恭順《きょうじゅん》謹慎の意を表して蟄居《ちっきょ》した。

二百余年の徳川幕府瓦解と見えるや、獄内の青木は血書《けっしょ》をしたためて、囚獄預の石出帯刀に提出した。池田播磨守の惨酷を極めた拷問にも屈しなかったし、井上信濃守の懐柔策にも動じなかった青木も、江戸城が薩長《さっちょう》の手に落ち、八百八町も田舎武士のなすがままになるか、と思う

と、薩長人の刃に刑死するに忍びず、徳川氏の掟を奉じて一日も早く幕吏《ばくり》の手で所断、死罪を願ったので、血書の中で、

是迄数度の御責問をも蒙り候とも、無実の賊罪には難伏候共、天下惑乱瓦解、君臣上下の大義を失い候時節、士道の名文を大切に存候も無効に依り、御嫌疑の通り恐入候とも恥辱にも之有間敷候、何卒御家美事の御仕置を以て如何様の重科に被行候とも、聊苦からず儀に付、至急御法被成下候様懇願奉候、何分彼方より自儘の所置を蒙り候ては、実士道の恥辱忍難、窮士の心事憐察被成下、非常の場合に臨まざる先、今日に御法待奉候。

と、刑の執行を願い出しているが、もう既に牢奉行石出帯刀自身がそんな権限はなく朝敵《ちょうてき》として自分の尻に火がつきかけていたのだろう、青木弥太郎希望の刑の執行は行われず、又、彼が恐れた薩長派の手でも刑は執行されず、明治元年七月二十日（まだ慶応四年である。改元は九月八日）新政府市政判事西尾遠江之助によって大赦《たいしゃ》の恩命《おんめい》を伝えられ、一同は伝馬町の獄屋を解放された。

出獄後の青木弥太郎は、当時の新開地である横浜と小塚原とで娼家《しょうか》を開業し、一度、追出した妻子を迎えて、王子の料理店海老屋をやらせ、弥太郎自身は豪奢《ごうしゃ》に明治四十年頃まで達者で存命したとの事である。河竹新七改名河竹黙阿弥《かわたけもくあみ》の最初の作品「嶋鵆月白浪《しまちどりつきのしらなみ》」の主人公望月輝は、多少青木弥太郎の晩年がモデルである。

これで見ると、無法に思われる封建時代でも幕臣であれば、法的根拠がない限り無暗に人間を死刑にしなかった事が知れる。

あとがき

江戸時代において、寺社奉行・町奉行・勘定奉行と並べて三奉行とよばれている中でも、特に、町奉行については、一般の興味が深く、八丁堀与力・同心や目明し、また伝馬町獄舎のことなどに関心が持たれていると思う。これらに関連して書かれたものには、古いものでは旧与力の原昭胤翁や元同心の今泉雄作翁、その他旧与力・同心家の人たちによって残された記録・聞書・回顧談などであろう。また近いところでは「江戸時代制度の研究」（松平太郎著）、「徳川制度史料」（小野清著）、「捕物の世界」（三田村鳶魚著）、岡本綺堂聞書「江戸に就いて」（岸井良衛著）、「江戸時代漫筆」（石井良助著）などがあって、一応の知識は得られるが、この種のものは従来から記録類もあまりまとめられておらず、他に詳説した書物は少ないのである。

本書編述の意図は、江戸幕府の司法、警察制度等について、最も信頼するに足る資料・諸家の聞書や労作研究等を、不備ながら一応まとめ上げることにあって、本書の内容を大別すれば、町奉行に属するもの、火附盗賊改に属するもの、牢獄刑罰に属するものの三つになった。浅学の私がこの様なことを試みたのは僭越であるが、雄山閣より相談を受けた時、この機を逃しては諸種の貴重な文献・研究、殊に旧与力佐久間長敬翁の思い出話等が世に広く読まれることは、望めなくなるであろう、と考えて急いで筆をとった次第である。そのため充分に解説を加える暇がなく、資料を駆使しての体系づけに欠けており、かつ重複する箇所もあり、全体的に不消化の感も免れ難く、また疑点も多いことと思われるのである。だが本書によって、江戸時代の「与力・同心・目明しの生活」の実態とその制度の一端を窺うことが出来、それらのものに関心を持つ人々に幾らかのお役に立てば、望外の喜びである。

本書刊行が機縁となって、この様な方面にも新しい資料・文献が続々と発掘され、より深く広くその研究が進められることを願うのである。

巻末には、「江戸時代町奉行一覧表」をつけてあるが、類書によって異同あり、他書と比べて見られたい。

本書刊行に当たって、貴重な御労作を引用させて頂いた諸先生並びに「鳶魚・江戸ばなし」や、綺堂聞書「江戸に就て」の中より一部の収録を諒承して下さった青蛙房岡本経一社長、また版元の雄山閣の御好意や友人古河三樹君の尽力に深甚の謝意を表する次第である。(昭和四十一年五月)

編者誌す

江戸時代町奉行一覧表

将軍	町奉行			
	奉行所	奉行	奉行所	奉行
一世家康公 自慶長 六年 至同 十年	呉服橋内（北）	土屋権右衛門重成 自 慶長 九年	八重洲河岸（南）	米津勘兵衛由政 自 慶長 九年 至 寛永 元年
二世秀忠公 自慶長 十年 至元和 九年	呉服橋内	島田次兵衛利正 自 慶長十八年 至 寛永 八年		
三世家光公 自元和 九年 至慶安 三年	呉服橋内（南）	掘式部少輔直之 自 寛永 八年 至 同 十五年	常盤橋内（北）	加々爪民部少輔忠澄 自 寛永 八年 至 同 十五年
四世家綱公 自慶安 三年 至天和 元年	呉服橋内（南）	神尾備前守元勝 自 寛永十五年 至 寛文 元年	常盤橋内（北）	酒井因幡守忠知 自 寛永十五年 至 同 十六年
			常盤橋内（北）	朝倉石見守在重 自 寛永十六年 至 慶安 三年
			常盤橋内（北）	石谷左近将監貞清 自 慶安 三年 至 万治 二年

	呉服橋内（南）	渡辺大隈守綱貞 自 寛文 元年 至 延宝 元年	常葉橋内（北）	村越長門守吉勝 自 万治 二年 至 寛文 二年
	呉服橋内（南）	宮崎若狭守重成 自 延宝 元年 至 同 八年	常盤橋内（北）	島田出雲守忠政 自 寛文 七年 至 天和 元年
五世綱吉公 自 天和 元年 至 宝永 六年	呉服橋内（南）	松平与右衛門忠冬 自 延宝八年二月 至 同 八年八月	常盤橋内（北）	北条安房氏平 自 天和 元年 至 元禄 六年
	呉服橋内（南）	甲斐飛騨守正親 自 延宝 八年 至 元禄 三年		
	呉服橋内（南）	能勢出羽守頼寛 自 元禄 三年 至 同 十年	常盤橋内（北）	川口摂津守宗恒 自 元禄 六年 至 同 十一年
	呉服橋内（南） 元禄十一年移	松前伊豆守嘉広 自 元禄 十年 至 同 十六年	常盤橋内（北）	保田美濃守宗郷 自 元禄十一年 至 宝永 元年
	鍛冶橋内（南）	丹波遠江守長守 自 元禄十五年 至 正徳 四年		

	常盤橋内（北）	林土佐守忠和 自 元禄十六年 至 宝永 二年	常盤橋内（北） 宝永四年移	松野河内守助義 自 宝永 元年 至 享保 二年
六世家宣公 自宝永 六年 至正徳 三年	呉服橋内（北） 享保二年移	坪内能登守定鑑 自 宝永 二年 至 享保 四年	数寄屋橋内（南）	大岡越前守忠相 自 享保 二年 至 元文 元年
七世家綱公 自正徳 三年 至享保 元年	呉服橋内（北）	中山出雲守時春 自 正徳 四年 至 享保 八年		
八世吉宗公 自享保 元年 至延享 二年	常盤橋内（北）	諏訪肥後守頼篤 自 享保 八年 至 同 十六年		
	常盤橋内（北）	稲生下野守正武 自 享保十六年 至 元文 三年	数寄屋橋内（南）	松波筑後守正春 自 元文 元年 至 同 四年
	常盤橋内（北）	石河土佐守政明 自 元文 三年 至 延享 元年	数寄屋橋内（南）	水野備前守勝彦 自 元文 四年 至 同 五年
	常盤橋内（北）	能勢肥後守頼一 自 延享 元年 至 宝暦 三年	数寄屋橋内（南）	島長門守正祥 自 元文 五年 至 延享 三年

九世家重公 自延享二年 至宝暦十二年	常盤橋内（北）		数寄屋橋内（南）	馬場讃岐守尚繁 自延享三年 至寛延三年
			数寄屋橋内（南）	山田肥後守利延 自寛延三年 至宝暦三年
十世家治公 自宝暦十三年 至天明七年	常盤橋内（北）	依田和泉守政次 自宝暦三年 至明和六年	数寄屋橋内（南）	土屋越前守正方 自宝暦三年 至同五年
	常盤橋内（北）	曲淵甲斐守景漸 自明和六年 至天明七年	数寄屋橋内（南）	牧野大隈守成賢 自明和五年 至天明四年
	常盤橋内（北）	石河土佐守政武 自天明七年六月 至同七年九月	数寄屋橋内（南）	山村信濃守良旺 自天明四年 至寛政元年
十一世家斉公 自天明七年 至天保九年	常盤橋内（北）	柳生主膳正久通 自天明七年 至同八年		
	常盤橋内（北）	初鹿野河内守信興 自天明八年 至寛政三年	数寄屋橋内（南）	池田筑後守長恵 自寛政元年 至同七年

	常盤橋内（北）	小田切土佐守直年 自 寛政 四年 至 文化 八年	数寄屋橋内（南）	坂部能登守広高 自 寛政 七年 至 同 八年
			数寄屋橋内（南）	村上肥後守義礼 自 寛政 八年 至 同 十年
	常盤橋内（北）	永田備後守正道 自 文化 八年 至 文政 二年	数寄屋橋内（南）	根岸肥前守鎮衛 自 寛政 十年 至 文化十二年
	常盤橋内（北）	榊原主計頭忠之 自 文政 二年 至 天保 七年	数寄屋橋内（南）	岩瀬加賀守氏記 自 文化十二年 至 文政 三年
			数寄屋橋内（南）	荒尾但馬守盛章 自 文政 三年 至 同 四年
十二世家慶公 自 天保 九年 至 嘉永 六年	常盤橋内（北）	大草能登守高好 自 天保 七年 至 同 十一年	数寄屋橋内（南）	筒井和泉守政憲 自 文政 四年 至 天保十二年
	常盤橋内（北）	遠山左衛門尉景元 自 天保十一年 至 同 十四年	数寄屋橋内（南）	矢部左近将監定謙 自 天保十二年四月 至 同 十二月

	常盤橋内（北）	阿部遠江守正蔵 自 天保十四年二月 至 同 十月	数寄屋橋内（南）	鳥居甲斐守忠輝 自 天保十二年 至 同 十五年
	常盤橋内（北）	鍋島内匠頭直孝 自 天保十四年 至 嘉永 元年	数寄屋橋内（南）	跡部能登守良弼 自 天保十五年 至 弘化 二年
	常盤橋内（北）	牧野駿河守成綱 自 嘉永 元年 至 同 二年	数寄屋橋内（南）	遠山左衛門尉景元 自 弘化 二年 至 嘉永 五年
十三世家定公 自 嘉永 六年 至 安政 五年	常盤橋内（北）	井戸対馬守覚弘 自 嘉永 二年 至 安政 三年	数寄屋橋内（南）	池田播磨守頼方 自 嘉永 五年 至 安政 四年
	常盤橋内（北）	跡部甲斐守良弼 自 安政 三年 至 同 五年	数寄屋橋内（南）	伊沢美作守政義 自 安政 四年 至 同 五年
十四世家茂公 自 安政 六年 至 慶応 元年	常盤橋内（北）	石谷因幡守穆清 自 安政 五年 至 文久 二年	数寄屋橋内（南）	池田播磨守頼方 自 安政 五年 至 文久 元年
			数寄屋橋内（南）	黒川備中守盛泰 自 文久 元年 至 同 二年

	常葉橋内（北）	小笠原長門守長常 自 文久二年六月 至 同 十月	数寄屋橋内(南)	小栗豊後守忠順 自 文久二年閏八月 至 同 十二月
	常葉橋内（北）	浅野備前守長祚 自 文久 二年 至 同 三年	数寄屋橋内(南)	井上信濃守清直 自 文久 二年 至 同 三年
	常葉橋内（北）	佐々木信濃守顕発 自 文久三年四月十六日 至 同 三年四月二三日	数寄屋橋内(南)	佐々木信濃守顕発 自 文久 三年八月 至 元治 元年
	常葉橋内（北）	阿部越前守正外 自 文久 三年 至 元治 元年		
	常盤橋内（北）	都筑駿河守峯輝 自 元治元年三月 至 同 七月	数寄屋橋内(南)	松平石見守康直 自 元治元年六月 至 同 十一月
	常盤橋内（北）	池田播磨守頼方 自 元治 元年 至 慶応 二年	数寄屋橋内(南)	有馬出雲守則篤 自 元治元年十一月 至 同 十二月
			数寄屋橋内(南)	根岸肥前守衛奮 自 元治 元年 至 慶応 元年

			数寄屋橋内(南)	山口駿河守直亮 自慶応元年 至同二年
			数寄屋橋内(南)	有馬阿波守則篤 自慶応二年八月 至同十月
十五世慶喜公 自慶応二年 至同三年	常盤橋内（北）	井上信濃守清直 自慶応二年 至同三年	数寄屋橋内(南)	駒井相模守信興 自慶応二年 至同四年
	常盤橋内（北）	小出大和守秀美 自慶応三年 至同四年	町奉行並	杉浦武三郎知周 自慶応二年十一月
			数寄屋橋内(南)	黒川近江守盛泰 自慶応四年正月 至同三月
	常盤橋内（北）	石川河内守利政 自慶応四年二月 至同五月	数寄屋橋内(南)	松浦越中守信寔 自慶応四年三月五日 至同十日
			数寄屋橋内(南)	佐久間鐇五郎信義 自慶応四年三月 至同五月

江戸時代選書《えどじだいせんしょ》6　江戸町奉行《えどまちぶぎょう》

2003年11月10日発行

著　者　横倉《よこくら》　辰次《たつじ》

装　幀　鈴木一誌＋武井貴行

編　集　出版工房ケンブリッジ

発行者　宮田　哲男

発行所　株式会社　雄山閣

〒102-0071　東京都千代田区富士見2-6-9

TEL 03(3262)3231　FAX 03(3262)6938

URL http://www.yuzankaku.co.jp

本文組版　風間章憲・マーリンクレイン

印　刷　東洋経済印刷株式会社

製　本　協栄製本株式会社

ISBN4-639-01805-3　C0321